J. J. Benítez
El enviado

🌐 Planeta

© J. J. Benítez, 1979
© Editorial Planeta, S. A., 2003
   Avinguda Diagonal 662, 6.ª planta. 08034 Barcelona (España)

Diseño de la cubierta: Opalworks
Fotografía del autor: © José Antonio S. de Lamadrid
Primera edición en Colección Booket: marzo de 2003
Segunda edición: julio de 2003
Tercera edición: octubre de 2003

Depósito legal: B. 44.144-2003
ISBN: 84-08-04730-2
Impreso en: Litografía Rosés, S. A.
Encuadernado por: Litografía Rosés, S. A.
Printed in Spain - Impreso en España

Biografía

J. J. Benítez (56 años). Casi 30 de investigación.
Más de 100 veces la vuelta al mundo. Está a punto
de alcanzar su libro número 40. Cuatro hijos.
Dos perros. Dos amores (Blanca y la mar).
Apenas cinco amigos de verdad. Y un JEFE:
Jesús de Nazaret.

ÍNDICE

SEGUNDA PARTE

AHORA, QUIZÁ, PODRÍAMOS EMPEZAR A ENTENDERLO...

A Iván, Satcha, Lara y Tirma —mis hijos—, con la esperanza de que no necesiten tanto tiempo como yo para «descubrir» a Jesús de Nazaret.

Si el concepto «extraterrestre» define a alguien o a algo como «de fuera de la Tierra», Jesús es uno de los pocos extraterrestres del que tenemos constancia histórica.

SÓLO UN REPORTAJE

Cada vez que intenté empezar este reportaje sobre Jesús de Nazaret de una forma profunda, docta y complicada, los folios terminaron en la papelera.

Así que, instintivamente, me he dejado llevar...

Tampoco termino de entender por qué me encuentro metido en esta «aventura». Siempre pensé que hablar sobre Cristo era cosa de sacerdotes.

Y antes de proseguir considero de absoluta necesidad advertir al lector sobre un par de cuestiones.

Por un lado, hasta hace muy poco tiempo, mi fe en este personaje —Jesús— no era demasiado densa. A mis treinta y tres años, y después de haber pasado por una familia cristiana, por un colegio cristiano, por una Universidad cristiana y por una sociedad, que se califica como cristiana, en mi corazón había de todo menos cristianismo. Y durante lustros, el vértigo del periodismo —de la vida misma— terminó por congelar esa fe.

No me avergüenza manifestarlo: durante años, Jesús de Nazaret me ha traído sin cuidado.

Pero un día —en mi tenaz persecución de los OV-

NIS—, por «casualidad» (?) se cruzó en mi camino el casi olvidado personaje: Jesús de Nazaret.

Y caí en la «trampa». La peor que se le puede tender a un reportero cuya curiosidad es todavía insaciable.

La «trampa» —¡cómo no!— era una simple noticia:

«Un equipo de científicos vinculados a la NASA —no católicos— ha demostrado, después de tres años de investigación, que el "individuo" enterrado hace dos mil años en una cueva próxima a Jerusalén y que fue conocido con el nombre de Jesús de Nazaret, emitió —treinta y seis horas después de muerto— una misteriosa y desconocida radiación que "chamuscó" la sábana que le cubría...»

Como periodista, la noticia se me antojó harto sensacionalista. ¿Qué quería decir aquello de «chamuscar la sábana que le cubría...»?

Y ahí, como digo, empezó todo..., al menos para mí.

Hoy, después de haber investigado el tema con toda la profundidad de que he sido capaz, me he decidido a ordenar las ideas. Y he intentado —con este libro-reportaje— trasladar al lector lo que yo he conocido y, sobre todo, sentido.

Que nadie vea en estos apuntes un intento teológico o dogmático. Sería tan ridículo como presuntuoso por mi parte.

A unos hechos —científicamente probados por la Ciencia ultramoderna— me he limitado a añadir, como licencia personal, algunas hipótesis de trabajo sobre un personaje a quien he empezado a respetar...

PRIMERA PARTE

LOS SENSACIONALES DESCUBRIMIENTOS DE TÉCNICOS DE LA NASA SOBRE LA LLAMADA «SÁBANA SANTA» DE TURÍN

1. CON ELLOS LLEGÓ EL ESCÁNDALO

El monumental «escándalo» reventó una mañana de septiembre de 1977.

Los mejores especialistas del mundo sobre la llamada «Sábana Santa» de Turín se habían sentado en Londres para participar en el I Simposio sobre este enigmático y polémico lienzo. La asamblea se reunía bajo los auspicios de la organización anglicana Institute for Christian Studies. En total, unas doscientas lumbreras de la ciencia moderna, corresponsales extranjeros, la televisión londinense y un personaje menudo, enjuto de carnes —que no de espíritu— y que, para colmo, era navarro...

José Luis Carreño Etxeandía —viejo misionero en las viejas tierras de Asia, testarudo, según sus propias palabras, como la burra de Baal, pobre de solemnidad y uno de los hombres más sabios y santos que he conocido— no pudo resistir la tentación y pidió la palabra en mitad del Congreso.

Era el turno del joven doctor Eric Jumper, de la Academia de las Fuerzas Aéreas de Colorado Springs, en Estados Unidos.

Carreño, que ha dedicado sus casi setenta años de vida al estudio e investigación de la Sábana de Turín, de pie en mitad de la sala, preguntó al yanqui:

—Doctor Eric. Sabrá usted que una de las conclusiones más firmes de la Comisión de Expertos de Turín es que hay que descartar categóricamente la hipótesis de que las imágenes se formaran por contacto. ¿Nos puede decir si sus estudios tridimensionales llevan definitivamente a la misma conclusión?

Y el joven científico, escandiendo y parodiando jovialmente las propias palabras del navarro, replicó:

—Opino que tiene que ser... absolutamente... y definitivamente... descartada la posibilidad de que las imágenes de la Síndone[1] se formaran por contacto...

Un aplauso atronador llenó la sala, mientras el viejo misionero murmuraba un feliz *Thank You!*

Y el «escándalo», como digo, no se hizo esperar en los corazones de los ilustres agnósticos que asistían en aquel momento a la ponencia.

«¿Una imagen tridimensional en el lienzo que se conserva en Turín...?» «¿Una radiación potente y desconocida que salió del cuerpo del difunto...?» «Pero, ¿qué sarta de insensateces era aquella que estaba enumerando el equipo de la NASA...?»

«¿Desde cuándo un cadáver puede impresionar —quemar prácticamente— un lienzo?»

El revuelo alcanzó pronto los cinco continentes. No se trataba de una afirmación gratuita, fruto de la calentura o de la imaginación de un científico.

Junto al doctor Eric Jumper se hallaba un equipo que fue contando, con la mayor llaneza, el fruto de sus estudios durante los últimos tres años. Y para ello habían dispuesto de los más depurados y sofisti-

---

[1] Síndone: Así se llama también la Sábana de Turín.

cados aparatos. Un instrumental nacido curiosamente a la sombra de la carrera espacial, de la conquista del espacio...

Los norteamericanos se refirieron con especial orgullo al denominado VP-8. Un analizador de imagen utilizado para el examen de las fotografías que habían llegado desde el planeta Marte.

Utilizando sus horas libres —con el mismo entusiasmo de unos zagales construyendo un bote—, los capitanes, científicos y expertos de la NASA habían aplicado este mismo VP-8 a una fotografía de tamaño natural de la imagen que aparece en la Sábana de Turín. Analizaron las huellas, siguiendo el mismo método usado para las fotos de Marte. Es decir, descomponiéndolas en millones de puntitos microscópicos. Y cada punto quedó clasificado por tres cifras, que expresaban sus dos coordenadas cartesianas, más su grado de iluminación.

Esa información —explicaron en el Congreso de Londres— fue sometida a una computadora, que se encargó, finalmente, de reconstruir la imagen.

El resultado, una sorprendente revelación: las imágenes de la Sábana son TRIDIMENSIONALES.

Pero este descubrimiento iba a ser sólo el principio de una larga serie de apasionantes y hasta ahora ignorados detalles de la vida, pasión y muerte de aquel asombroso «hombre» llamado Jesús de Nazaret...

2. AUTENTICIDAD: ÉSA ES LA CUESTIÓN

Creo que, como muchas otras personas, en alguna ocasión había oído algo respecto a la mencionada Sábana de Turín.

Pero jamás le presté más atención que la que haya podido dedicar al «brazo de santa Teresa» o a la calavera de san Cirilo...

Para mí, todas esas reliquias no tenían el menor valor. Y aunque siempre procuré comportarme con respeto cuando se hablaba del tema, en el fondo de mi corazón no terminaba de ver claro.

El oscurantismo, la morbosidad o el acartonamiento terminaban siempre por aparecer ante mis ojos cuando tropezaba con cualquiera de estos relicarios, las más de las veces, incluso, hasta antiestéticos.

¿Por qué iba a ser una excepción la traída y llevada «Sábana Santa» de Turín?

Además, ¿cuántas «sábanas santas» hemos conocido? En muchas de nuestras catedrales, iglesias o simples ermitas se conservan ejemplares de estos «sagrados» lienzos, y los lugareños juran y perjuran que la suya es la auténtica... Por tanto, mis primeros pasos a la hora de investigar, se dirigieron en busca de datos que aclararan esa pretendida autenticidad.

Uno de los más espinosos obstáculos a salvar fue el de la tardía aparición de la Sábana, respecto a la muerte de Jesús.

Según los datos históricos el lienzo no surge a la luz pública hasta cinco siglos más tarde: en el año 525.

Era lógico pensar que alguien había podido falsificar la Sábana, tanto por afanes crematísticos como piadosos.

Este hecho colocó en situación embarazosa —y hasta hace muy poco tiempo— a cuantos se empeñaban en defender la autenticidad del referido lienzo.

Los agnósticos e hipercríticos encontraban en ello un motivo más que sobresaliente como para tachar el asunto de «simple superchería». Y no les faltaba razón.

La Historia asegura que, hasta la destrucción de Jerusalén, la Sábana quedó escondida y en manos cristianas, que pasaron por alto el tabú hebreo contra lienzos que hubieran tocado a un cadáver.

Y de allí —aseguran los eruditos— el paño pasó a la ciudad de Edessa, en Siria (hoy conocida como Urfa, en Turquía). Los historiadores no saben cuándo pudo llevarse a efecto ese traslado.

Lo que sí parece más claro es que, al apostatar uno de los reyes de Edessa, los cristianos ocultaron la Sábana, tapiándola en un hueco de las murallas.

En el año 525 fue nuevamente descubierta y venerada. Pero, al contrario de lo que ocurre en la actualidad, el lienzo no fue enrollado en un madero, sino doblado en cuatro partes. Y sólo podía contemplarse la faz, que era conocida con el nombre de «Mandylion».

Cuatrocientos años después —en el 944— fue cedida al emperador bizantino y trasladada a Constantinopla, donde permaneció, en la iglesia de Santa María de Blaquerna, hasta 1204. En este año, las mesnadas, hambrientas de botín, de la mal llamada IV Cruzada, saquearon Constantinopla. Y la «Sábana Santa» desapareció misteriosamente, para aparecer cuatro años después en Besançon (Francia), en poder del padre de Otto de la Roche, quien —«casualmente»— tenía encomendada la defensa de la referida iglesia de Blaquerna...

Tras varias vicisitudes, el lienzo llegó a poder de los príncipes de Saboya. En 1578, y para tratar de suavizar el duro voto hecho por san Carlos Borromeo de ir a pie a venerar la Sábana desde Milán a Saboya, en acción de gracias por el cese de la peste en su archidiócesis, el príncipe Filiberto la llevó a Turín, al encuentro del santo peregrino, a medio itinerario.

Y allí ha quedado, en una espléndida capilla que construyó Guarini. Fue enrollada en torno a un cilindro de madera y alojado, a su vez, en una urna de plata. Una arqueta de madera acoge dicha urna, y una doble verja de fierro protege a ambas.

Y si me he alargado en la árida exposición histórica de la ruta que, al parecer, siguió la Síndone, ha sido con una doble intención. Porque, ¡oh sorpresa!, he aquí que, con la llegada del siglo XX y de sus revolucionarios conocimientos, los expertos en Palinología —moderna rama de la microbotánica— han descubierto entre las fibras de lino la mejor prueba de la auténtica edad del lienzo...

Veamos.

El 23 de noviembre de 1973, y por voluntad del cardenal Pellegrino, la Sábana de Turín fue expuesta y mostrada a los italianos a través de las cámaras de televisión. Esa noche, un criminólogo de fama mundial, el doctor Max Frei, director del Laboratorio Científico de la policía suiza, tuvo acceso a la Síndone, en compañía de otros científicos. Y en unas modestas tiras de «cello», Max recogió una muestra del polvillo existente en la orla del lienzo. Y con su humilde «tesoro» se dirigió a Neuchâtel, donde sometió la muestra a sus microscopios electrónicos. Su hallazgo iba a ser decisivo.

En el tejido, a pesar del tiempo transcurrido, había gránulos de polen de plantas desérticas propias de Palestina.

Pero eso no era todo.

Max Frei comprobó también que el polen más frecuente en la Sábana es idéntico al que se encuentra comúnmente en los estratos sedimentarios del lago de Genezaret, con una antigüedad de dos mil años.

Y por si esto no era suficiente, el palinólogo demostró al mundo que entre las fibras del tejido había muestras de polen de plantas correspondientes al Asia Menor y, más precisamente, a las inmediaciones de Constantinopla. Y otro tanto ocurría con gránulos de origen francés e italiano. Es decir, de aquellas zonas por donde había peregrinado la Síndone.

Y Max Frei añadió en aquella histórica declaración del 8 de marzo de 1976:

«... La presencia de polen perteneciente a no menos de seis especies de plantas palestinas, del de una de Turquía y de ocho de especies mediterráneas, nos autoriza desde ahora, aun antes de completar la identificación de todos los microfósiles, a llegar a la siguiente conclusión definitiva: la Sábana no puede ser una falsificación. Zurich.»

Al año siguiente —en el mencionado I Simposio

de Londres—, y a preguntas de un científico de Cambridge, el sabio respondió:

—Es absolutamente cierto que la Síndone estaba en Palestina en el siglo I.

Para Max Frei, la gran dificultad de esta trascendental investigación había recaído en la identificación de aquellos gránulos de polen que hoy se encuentran extinguidos. Como comentaba Max, «si esos granitos microscópicos de polen proceden de la chaqueta de un criminal, es relativamente fácil determinar por que parajes o países ha estado, porque el polen de plantas actuales está ya catalogado. Pero cuando se trata de polen antiguo —ya desaparecido— y de regiones remotas, habría que consultar incontables bibliotecas..., que no se han escrito todavía».

A pesar de ello, Max Frei ha recorrido Chipre, Palestina, el Negev, Edessa, Anatolia, Estambul, etc., identificando más de un millar de granos de polen.

Cinco años después de aquel primer y definitivo hallazgo, Max Frei volvió a dirigirse a los estudiosos de la «Sábana Santa», en el II Congreso Internacional celebrado en 1978 en Turín, y ofreció una lista de 48 especies de polen, descubiertas hasta ahora en el tejido de la citada Síndone.

El lienzo —definitivamente— estuvo expuesto al aire en Palestina y hace justamente dos mil años. Así lo demuestra categóricamente la Palinología.

Pero las interrogantes seguían fluyendo en mi cerebro...

Por ejemplo, ¿cómo un microscópico grano de polen podía resistir el paso del tiempo y permanecer durante dos mil años?

3. UN ZURBARÁN SOBRE «TERLENKA»

¿Quién podía sospechar que —dos mil años después— los expertos en Botánica iban a aportar una de las pruebas decisivas de la autenticidad de la Sábana de Turín?

Cuando —tocado por la curiosidad— me encerré en la Biblioteca de la Facultad de Ciencias de la Universidad de Bilbao, en busca de nuevas informaciones en torno al para mí recién descubierto mundo de la Palinología, tropecé con un dato que daba cumplida respuesta a mi duda sobre la resistencia del gránulo de polen a través de los siglos.

La Ciencia explica que los granos de polen, tendentes siempre a formas esféricas o elipsoidales de diámetros entre las 10 y las 200 micras, tienen revestido su tejido fértil por una membrana protectora (esporoderma), compuesta de sustancias de altísima inercia química, que presenta al microscopio variadísimas y elegantes estructuras, que facilitan con ello el reconocimiento de su especie.

Si a esta formidable «resistencia» de la «coraza» que cubre cada gránulo de polen se une la fosilización del mismo, la conservación del espécimen resultará casi ilimitada.

Y esto es, precisamente, lo que sucedió con los restos de polen encontrados en el tejido que nos ocupa.

Pero «mis» descubrimientos no murieron ahí...

Estudiando el polen supe, por ejemplo, que el planeta entero (seres vivos, campos, montañas, edificios, máquinas...) está cubierto por mantos de polen.

La producción anual de polen de las plantas alcanza valores impresionantes. Entre la catalogación realizada por Erdtman figura, por ejemplo, la *Calluna vulgaris* (brezo), con 4.060 millones de granitos de polen por metro cuadrado de bosque...

El aliso, o *Alnus glutinosa*, alcanza igualmente los 2.160 millones de gránulos...

Unas cifras tan astronómicas —a pesar de la modestia de dichas plantas— que, si gozáramos de vista «microscópica», nuestra imagen del mundo cambiaría por completo. Todo —hasta el interior de nuestras casas— lo veríamos cubierto por un manto vegetal de polen, cuyo color cambiaría según la planta dominante y la estación...

Hasta tal punto es importante el polen que, para los paleontólogos y antropólogos, llega a constituir una y muy vital parte de la historia de un territorio, convirtiéndose así en un precioso documento de las variaciones del conjunto vegetal.

La denominada «revolución del Neolítico», por ejemplo (la transición de la cultura nómada del hombre cazador a la sedentaria del hombre agricultor), ha quedado registrada por los índices de polen: la curva de vegetación forestal declina, mientras la curva ascendente de plantas herbáceas, sobre todo las gramíneas, sube vistosamente.

Pero, como en una cadena inagotable, el descubrimiento del polen ha mostrado a los científicos otro factor importante, que refuerza la autenticidad del lienzo. Me refiero a la estructura y edad del tejido en sí.

En sucesivos estudios se pudo verificar que la Síndone estaba formada por un tejido cuya fibra era de lino y —según el profesor Raes—, con alguna que otra rarísima fibra de algodón.

Se han hecho ampliaciones de su textura hasta de 5.000 diámetros, pero jamás se encontró la más mínima traza de pintura.

En el último Congreso sobre la Síndone, celebrado en Turín, otros dos profesores —Baima Bollone y Ettore Morano— mostraron al mundo que la sarga de cuatro en espiga o «cola de pescado» que forma el Sagrado Lienzo es idéntica a la de otro tejido hallado en una sepultura egipcia que data del año 137 de nuestra Era. Y lo mismo sucede con su urdimbre y composición.

Esto tampoco debe maravillarnos, puesto que en cualquier museo egipcio o preincaico, por ejemplo, hay tejidos que se remontan a 4.000 y 5.000 años antes de nuestra Era, y su perfección sorprende hoy a nuestros mejores fabricantes.

En cambio, el tejido «en sarga» no se conoció en la Europa semibárbara hasta bien pasado el siglo XIV...

¿Cómo entender entonces el ya referido absurdo de una falsificación?

Pensar, en fin, que la imagen de la Sábana de Turín es producto de una manipulación con pintura en el siglo XIII —como han esgrimido los detractores— es añadir el disparate a lo absurdo. Algo así como asegurar que alguien ha descubierto un Zurbarán pintado sobre «terlenka»...

Como se sabe, históricamente, la industria textil

era fundamental en la vida social y económica de Egipto. Se subvencionaba al joven aprendiz tejedor, cuya preparación técnica podía durar hasta cinco años. La ciudad de Palmira, por ejemplo, emporio de la sarga del lino, estaba a unas cuantas jornadas de caravana de Jerusalén. No le debió de costar mucho a José de Arimatea hallar este noble lienzo en cualquier tienda judía.

Pero los hallazgos de la Ciencia ultramoderna —que ha sido puesta al servicio del estudio de la Sábana de Turín— no han hecho otra cosa que empezar. Y en el último Simposio, en 1978, Max Frei y Aurelio Ghío iniciaron una experiencia que —en su día— puede resultar revolucionaria. Estos científicos introdujeron entre el forro y el lienzo una especie de «aspiradora» en miniatura, absorbiendo el polvo que se encontraba en la Sábana. Este material fue depositado sobre láminas y analizado con los más potentes microscopios electrónicos. La finalidad del experimento consiste en aislar los microcristales y confrontarlos con aquellos que se encuentran en el interior de las cuevas del monte Gólgota.

Pero estos resultados no han sido hechos públicos por ahora.

Lo que sí hemos intuido es que Jesús de Nazaret «sabía» que veinte siglos después de su muerte llegaría a manos del ser humano un curioso invento: la fotografía...

4. UN «AS» EN LA MANGA DE JESÚS DE NAZARET

Cuando consulté a mis amigos y compañeros, los profesionales de la fotografía —Fernando Múgica, Manu Cecilio, Gianni Ferrari, Alberto Schommer y un largo etcétera—, todos terminaron por encogerse de hombros.

Nadie podía comprender cómo la imagen que aparece en una tela de 4,36 × 1,10 metros puede ser, en verdad, un «negativo fotográfico».

Y vaya por delante que, al igual que ha ocurrido con otras sensacionales revelaciones, de momento no tenemos explicación para esta «característica» de la Sábana de Turín.

Pero hagamos un poco de historia.

Imagino la cara de sorpresa del bueno y esforzado de Secondo Pia, un abogado y aficionado al recién estrenado arte de la fotografía, cuando, en la noche del 28 de mayo de 1898, se encontró entre sus manos el verdadero rostro de Jesús de Nazaret...

No era frecuente que la Sábana de Turín fuera expuesta a la curiosidad de las gentes. En la primavera de 1898, con motivo de las bodas del futuro rey Víctor Manuel III, se hizo una nueva excepción. El lienzo sería mostrado por espacio de ocho días y contemplado, nada más y nada menos, que por 800.000 peregrinos de todo el mundo...

Pero aquella nueva ostensión iba a tener un «carácter» muy especial. Histórico, en definitiva. Y el protagonista iba a ser el citado abogado —Secondo Pia—, el primer ser humano que contemplaría el «autorretrato» de Cristo.

He aquí, en síntesis, su peripecia:

Había heredado Pia tal amor a su hermosa tierra de Piamonte, que ya desde joven se le veía recorrer los valles de Asti, lápiz en mano, y penetrar en los templos y monasterios para admirar y esbozar sus frescos, columnas, verjas y enrejados. De modo que, al tornarse veinteañero, allá por los años mil ochocientos setenta y tantos, y enterarse de las maravillas que empezaban a realizarse con la fotografía —inventada unos treinta años antes por Daguerre—, vio abierto un cielo de posibilidades para grabar sus descubrimientos artísticos de cada día.

Y ya para 1876, elaborando él mismo en casa sus propios negativos en placas de cristal, producía excelentes fotografías.

Claro que, aunque se había graduado en Derecho, su corazón estaba en su objetivo. Y con ello le había crecido un indomable tesón para vencer obstáculos. Muchas veces, por ejemplo, teniendo que retratar interiores de templos, al ver que la luz solar no alcanzaba hasta su sujeto, montaba una batería de espejos que reflejaban el claror del aire libre de la plaza. Otras se enfrentaba con la cazurra hostilidad de aldeanos y terratenientes. Y eso era algo más difícil de domar que las leyes de la Naturaleza. Pero, de todos modos, de una cosa pudo jactarse toda la vida: de no haber retocado jamás un negativo.

Fue lógico, pues, que la Asociación de Aficionados a la Fotografía de Turín le eligiera su presidente.

Y siguen las «causalidades»...

Por aquella primavera de las bodas reales, parece ser que a un gran devoto de la Sábana de Turín —el sacerdote salesiano Noguier de Malijay, profesor de Física en el Liceo de Valsálice— le estaba rondando una idea: aprovechar aquella ocasión para sacar una fotografía del lienzo. Y, ni corto ni perezoso, elevó su propuesta a Palacio.

Pero a Su Majestad el rey Humberto I, jefe de la Casa de Saboya, y por ende propietario de la reliquia, no le agradó la ocurrencia.

«¿No sería eso —pensaron— una irrespetuosa irrupción en lo sacrosanto? ¿Serían tratadas con veneración las copias que se sacaran? ¿No era sórdido que se vendieran en el mercado fotografías de algo sagrado...?»

Una vez más, el progreso tropezaba con las refractarias paredes del tradicionalismo mal entendido...

Fue el barón de Manno quien se encargó de aquietar las perplejidades de la real conciencia. ¿No era un deber fijar la figura de la Síndone en fotografías, no fuera que perecieran un día sin dejar copia fidedigna? ¿No había estado efectivamente la Sábana a punto de sucumbir en los varios incendios de su historia? ¿Y quién podía asegurar que mientras centenares de miles de personas desfilaban ante ella durante los ocho días de la ostensión, no lograra algún fotógrafo subrepticio sacar una mala copia clandestina que la desprestigiara?

Y el rey fue convencido. Y se señaló el nombre de Pia como el profesional más honesto y capacitado para tomar las primeras placas fotográficas de la Síndone.

Nadie podía sospechar entonces lo que se iba a derivar de aquella audacia...

Pero lo que tampoco imaginaba Secondo Pia era la carrera de obstáculos que le aguardaba para poder realizarla. Él mismo la contó nueve años más tarde en su *Memoria sulla riproduzione fotografica della Santissima Sindone.*

En efecto, la catedral de San Juan Evangelista —donde se expondría la Sábana— era, sencillamente, tenebrosa.

«¿Cómo obtener luz para la impresión de las placas?», fue la primera pregunta que se hizo el fotógrafo.

Iban a desfilar, como digo, 800.000 personas en ocho días. Como cada grupo —dejando aparte los empujones— tenía sus minutos de desfile y contemplación estrictamente marcados, ¿de dónde iba él a sacar un intervalo de sosiego para su complicada operación?

Ni él ni nadie en Turín tenía entonces experiencia alguna en el uso de la electricidad para fotografiar interiores. Además, ni en la catedral ni en la ciudad existía tendido eléctrico ni red pública...

A este problema se unía la necesidad de montar —y desmontar luego inmediatamente— una plataforma delante de la Síndone donde cupieran él y su enorme artefacto, puesto que el lienzo estaría elevado para que lo vieran las masas. ¿Tendría tiempo para ello?

Hombre de lucha, Pia empezó a entrenarse para la tarea. Como no tenía instalación eléctrica en su casa, se puso a experimentar en los laboratorios de Física: retrataba objetos a la luz del día y volvía luego a retratarlos a la luz eléctrica de los laboratorios, anotando intensidades de luz, tiempos de exposición, sensitividad de sus placas...

Total, para mediados de mayo se creyó ya suficientemente preparado para la tarea.

Pero las cosas no iban a ser tan simples...

Ante todo descubrió, examinando el programa, que en el apretado orden de acontecimientos habían quedado solamente dos huequecitos que él podría aprovechar. Uno, después del mediodía del 25 de mayo, hasta las tres, y otro, en la tarde del día 28.

El primer intento fue el día 25. Tenía algo más de dos horas para montar su plataforma, instalar su enorme cámara fotográfica, poner en marcha sus dínamos, tender su línea eléctrica, fijar las luces, comprobar todos los detalles, exponer las placas y luego desmontar todo aquel aparato para dejar entrar a la piadosa turba. Su cámara oscura para el revelado estaba ya instalada en la sacristía, detrás de la catedral, puesto que le urgía ver los resultados.

Y hete aquí que llegaron los dramáticos momentos...

Avanzando lentamente bajo una carga de maderos de varios tamaños y formas, de herramientas y tuercas, los ayudantes de Pia cruzaron la puerta del comulgatorio y penetraron en el presbiterio, donde estaba expuesto el lienzo.

Primero tendieron unos raíles de madera, como una pequeña vía de tren, y luego empezaron a atornillar el palco construido días antes y posteriormente desmontado para el transporte.

Terminada esta operación, quedaba lista una plataforma de metro y medio por dos, esperando la llegada de la cámara fotográfica.

Las patas que la sostenían, como de 1,70 metros de altura, acababan en unas ruedecillas que permitían a la plataforma desplazarse adelante o atrás sobre los raíles, mientras que sobre la citada plataforma descansaba otro soporte de madera. Pia subió y se colocó detrás de éste.

Entonces, sus ayudantes le alargaron la voluminosa cámara fotográfica de madera, con abrazaderas de metal, que Pia colocó cuidadosamente sobre el soporte. Llevaba ya dentro la placa sensitiva, que medía 51 × 63 centímetros.

La lente Voigländer quedaba mirando directamente al centro de la Sábana.

Encendiéronse los dos focos a ambos lados de la plataforma e inundaron de viva luz la reliquia.

Pero la corriente resultaba irregular. Y las luces se avivaban y debilitaban casi a cada minuto. Cada globo estaba alimentado por su propio generador, y pronto pudo notar Pia que el izquierdo era más brillante que el derecho.

Con todo, ya había preparado filtros translúcidos de vidrio esmerilado. Y al punto ordenó a sus ayudantes que los fijaran ante los focos, mientras él colocaba otro delgado filtro amarillo sobre la lente.

Unos minutos después anunció que estaba ya listo. Y, tras una oración en silencio, expuso la placa.

Sacó su reloj de bolsillo y empezó a cronometrar.

Había decidido, como resultado de sus experiencias, llevar a cabo dos exposiciones: una de 14 minutos y otra de 20.

Y allí estaba Pia, de pie en su plataforma, detrás de la enorme cámara, penosamente consciente de que la intermitencia de aquella corriente pulsaba por modo desigual sus arcos voltaicos. Pero ya no había nada que hacer para remediarlo.

Echó una ojeada al reloj: nueve minutos más y su primera placa estaría lista para el revelado. Expondría todavía la segunda, mientras él comenzaba el revelado de la primera en su cuarto oscuro de la sacristía.

De pronto, un chasquido como de un cristal que se raja le hizo levantar la vista con sobresalto. Efectivamente, con el enorme calor de los focos, se habían quebrado los filtros, quedando inservibles.

Pia se detuvo un momento...

Al fin se encogió de hombros y bajó de la plataforma. Ya no había nada que hacer. Era inútil seguir intentando sin los filtros. No quedaba tiempo para procurarse otros. Pasaban ya de las dos y bien pronto la catedral se abriría de nuevo al público.

Pia tendría que esperar tres días para el segundo y último intento. Después de todo —pensó para consolarse— había resuelto algunos problemas. Por ejemplo, durante aquellos tres días de gracia, sus electricistas regularían la corriente de los generadores.

El próximo intento tenía que ir como una seda...

¡Ya...! Secondo no contaba con otras nobilísimas interferencias. La vez siguiente, cuando enfocara su lente sobre la reliquia, la luz de sus focos tendrían que atravesar una gruesa luna de cristal.

¿Qué había sucedido?

La princesa Clotilde, que había llorado al besar aquel lienzo, se había quedado horrorizada al ver cómo quedaba expuesto —decía ella— a contaminaciones y destrozos. El humo de las velas, el incienso que flotaba en el aire y, sobre todo, aquellos focos del fotógrafo vertiendo un chorro de calor y luz sobre el tejido indefenso, la traían desasosegada. Había que volver a poner el grueso cristal en el marco de protección. Clotilde tenía una veneración tan cálida y personalísima hacia la Síndone...

Y, en efecto, había sido ella la elegida —después

de la ostensión de 1868— para remplazar el viejo forro gastado de detrás de la Sábana. Y toda aquella tarea la había realizado de rodillas. En fin, que se colocó de nuevo sobre el lienzo el grueso cristal protector.

A las nueve y media de la noche del día 28, Secondo Pia llegó a la catedral..., para encontrarse con que le habían robado las tuercas que depositara en la sacristía junto con la plataforma desmontada.

Con un profundo suspiro ordenó a sus ayudantes que montasen la plataforma con cualquier material que encontraran.

Pronto notó Pia que el espeso cristal que protegía la Síndone reflejaba sus dos focos y los dorados ornamentos del presbiterio.

A las 10:45 ya estaba montada la plataforma, mantenida en pie a fuerza de cordeles y alambres.

Para dar a su lente una visión más despejada, Pia movió hacia atrás su plataforma, deslizándola sobre sus raíles hasta una distancia total de unos ocho metros y medio.

Ahora, los dos focos daban una iluminación constante, mientras los nuevos filtros de vidrio esmerilado suavizaban su brillo.

Eran ya las once de la noche cuando Pia destapó la lente, exponiendo su primera placa para una duración de 14 minutos.

Después del fracaso del día 25, había renunciado a instalar su cuarto oscuro en la sacristía. Haría el revelado en su casa, a cinco minutos en carruaje.

Sería ya la medianoche cuando —terminada su segunda exposición de 20 minutos—, el abogado recogió sus dos placas y se apresuró a volver a casa.

Detrás quedaban sus ayudantes, desmantelando la plataforma.

Y llegó lo inesperado...

No brillaba más que una lucecita roja en su cámara oscura cuando Pia depositó con supremo cuidado sus dos enormes placas en la solución de oxalato de hierro.

Y empezaron a aparecer unas tímidas líneas...

Pia lanzó un suspiro de alivio. Algo, al menos, se había obtenido...

Lo primero que divisó en aquella primera placa que goteaba ante sus ojos al levantarla hacia la luz rojiza, fue la parte superior del altar y, sobre él, el imponente marco que contenía la reliquia.

Pero aquella gran mancha pardusca correspondiente a la huella del cuerpo empezaba a tomar un carácter insospechado.

Hizo entonces girar la placa sobre uno de sus ángulos y se puso a observar el rostro.

¡Santo cielo...!

Las manos empezaron a temblarle de pronto. Y la gran placa, todavía húmeda y resbaladiza, casi se le cayó al suelo.

Aquella figura, aun con los ojos entornados por la muerte, era real...

Aquél —asombrosamente— era el auténtico rostro del llamado Jesús de Nazaret. Y Secondo Pia era el primer ser humano que lo contemplaba después de diecinueve siglos...

Pero esto significaba que la figura que aparecía en el lienzo era un «negativo» fotográfico en tamaño natural. Por eso la placa fotográfica negativa de Secondo se convertía en un retrato en positivo.

«Encerrado en mi cuarto oscuro —escribiría Pia más tarde—, concentrado totalmente en mi trabajo, experimenté una intensa emoción cuando —durante el revelado— vi por vez primera aparecer el Santo

Rostro en la placa, con tal claridad que me quedé helado.»

Y, ¡cómo no!, cuando la noticïa —una de las más sensacionales que ha podido conocer el hombre de este planeta— saltó a las primeras páginas de los diarios, los agnósticos, aguafiestas y demás prole rechazaron el asunto afirmando olímpicamente que aquel negativo era obra, sin duda, de algún falsificador...

En este caso, la argumentación de los escépticos era frágil como un recién nacido. Todos los estudiosos, y especialmente los técnicos y profesionales de la fotografía, señalaron que era inconcebible cómo, diecinueve siglos antes, «alguien» pudiera haber creado un «negativo fotográfico» y en tamaño natural...

Incluso hoy, en pleno siglo XX, y con las sofisticadas técnicas fotográficas de que disponemos, sería difícil igualar la imagen, en negativo, de aquella sarga.

Como se recordará, el primer negativo fotográfico que produjo esta Humanidad en un laboratorio llegó 1.800 años más tarde que la Síndone. Y ello, gracias a los trabajos de numerosos científicos: unos, mejorando la cámara oscura; otros, perfeccionando las lentes; unos, investigando las sales de plata sensitivas a la luz; otros, tratando de hallar el modo de eliminar las sales no afectadas, y otros, en fin, intentando fijar aquéllas, modificadas químicamente por el haz de luz...

Fue sólo en 1841 cuando el gran astrónomo, matemático, químico y humanista inglés, sir J. W. F. Herschel, pudo bautizar a su criatura por primera vez con el nombre de «negativo», coronando así los descubrimientos de Niepce, Daguerre, Talbot, etcétera.

El asunto, en definitiva, era como para enloquecer. En la investigación de la Sábana de Turín, los misterios se encadenan a las sorpresas, y éstas —como en un juego—, a aquéllos...

Y yo empecé a creer, en vista de lo que llevaba estudiado, que Jesús de Nazaret —que debía de tener presentes también a los cáusticos hombres del siglo XX— se había guardado un «as» en la manga...

5. LA IMAGEN NO ES DE ORIGEN QUÍMICO

El caso es que, por si la confusión de los científicos era poca, en los últimos análisis ópticos del lienzo, los investigadores observaron otro sorprendente detalle:

Mientras la imagen del rostro está en negativo, los hilillos de sangre aparecen en positivo. Algo así como si la sangre se hubiera pegado por contacto a la tela, mientras que el rostro solamente ha dejado su huella.

Pero, al conocer este punto, recordé las palabras del joven capitán de la NASA, Eric Jumper:

«... Una hipotética acción química o bacteriológica queda excluida en la formación de la imagen en el lienzo. Es decir, hay que descartar la formación de las huellas por contacto.»

No acababa de entender. Allí, en mi opinión, existía una contradicción. Si la imagen era el misterioso producto de una radiación o energía, ¿cómo demonios se habían formado los reguerillos y manchas de sangre? Porque aquello eran rastros de sangre... ¿O no?

Veamos las pruebas y opiniones de los más célebres especialistas en sangre.

Con la colaboración de unas religiosas especializadas, se sacaron algunos cortísimos hilos de lienzo. Y los profesores Giorgio Frache, de la Universidad de Módena, la profesora Eugenia M. Rizzatti y el profesor Emilio Mari, ambos ayudantes de cátedra, sometieron a pruebas hematoscópicas diez de estos hilillos. Sus resultados fueron negativos: ninguna de sus reacciones químicas acusó la presencia de sangre.

Lejos de desanimarse, con un aumento de 285 diámetros, examinaron las fibras, iluminadas con luz ultravioleta para descubrir alguna fluorescencia, característica de todos los derivados de la hemoglobina. Resultado, igualmente negativo.

Se efectuó también una reacción con «benzidina». No se produjo transformación alguna del color. Resultado negativo.

Además, un examen microespectroscópico, a la búsqueda del hemocromógeno. Resultado netamente negativo.

Cromatografía de estratos ultradelgados. Negativo.

Resumiendo: las huellas parecen haber correspondido en su momento a regueros, heridas y plastones de sangre. Sin embargo —y después de minuciosos análisis (incluso con microscopios electrónicos)—, no aparece el menor rastro orgánico de sangre.

¿Cómo entender semejante laberinto?

Quizá la respuesta la apuntó el mencionado doctor Frache:

«Si las proteínas específicas de la sangre y de su correspondiente pigmentación son sometidas, por diversas causas, a procesos de desnaturalización, pueden perder las características que nos suelen permitir identificarlas.»

En otras palabras: donde realmente hubo sangre, ya no la hay, aunque —por una razón que todavía ignoramos— ha quedado la señal.

Una teoría que concuerda con los últimos hallazgos de la NASA y que ha terminado por «fundir» los «circuitos» mentales de muchos científicos...

El 11 de octubre de 1978, la prensa italiana desplegaba los siguientes titulares:

«Clamorosa revelación: la huella de la Sábana de Turín no es de origen químico.»

El experimento fue realizado por un equipo de más de cincuenta científicos —italianos y norteamericanos—, directamente sobre el lienzo.

Este descubrimiento entrañaba una enorme importancia, porque desmoronaba la vieja teoría de la formación de las huellas partiendo de la reacción química ocurrida entre la mirra, el áloe y el sudor del cuerpo del hombre crucificado.

Pero veamos con detalle el experimento efectuado por los científicos.

Tras haber sido examinado con diversos sistemas, el lienzo fue explorado con un haz de rayos X, de modulaciones guiadas. Se trata, en la práctica, de un aparato bastante similar a aquel que se utiliza en Medicina para las radiografías del cuerpo humano, con la diferencia de que las imágenes —una vez recogidas en una placa fotográfica— se visualizan en un monitor especial de televisión.

La experiencia duró tres horas.

Las primeras imágenes mostraron los granitos de polvo depositados en el tejido. El polvo está constituido por microcristales, opacos a los rayos X.

Sucesivamente, los científicos han logrado «opaquizar» las manchas de sangre impresas en la sarga.

En los monitores han ido apareciendo más tarde

halos indistintos, que los investigadores —por medio de las computadoras— han identificado muy pronto como los restos del agua utilizada para apagar el incendio que se produjo en Chambéry en 1535. El agua contiene sales disueltas, que han permanecido en el tejido de lino cuando aquélla se evaporó.

Y ya en este punto han empezado a obtenerse resultados prácticos. Pese a las diversas variaciones en la modulación de los rayos X, ya no han surgido otras huellas. De la imagen del cuerpo propiamente dicha, no hubo forma de deducir un solo rastro orgánico o inorgánico. Ni una señal. Ni una mancha.

¿Cuál era la explicación?

Sólo una. La huella de la Sábana no es de origen químico. La imagen no se ha formado sobre el tejido por una trasposición de la materia. Así, no pudo formarse por un acontecimiento externo, como hubiera podido provocar la pintura. Tampoco —aseguraron los científicos— es resultado de una reacción química...

Esta última tesis había sido hasta ese momento, tal y como señalaba anteriormente, la «explicación» total a la formación de las huellas del lienzo de Turín.

El primer científico que estudió la génesis de las huellas de carácter fotográficamente negativo fue el biólogo doctor Paul Vignon, adjunto del profesor de la Sorbona, Yves Delage, académico de Francia. Estudiando las propiedades químicas del áloe constató que éste se oxidaba fácilmente en presencia de sustancias alcalinas, produciéndose en esa reacción una materia pardusca que penetraba con facilidad en las fibras de un tejido, adhiriéndose tenazmente a él. ¿Y qué reactivos alcalinos había en el cadáver de Jesús de Nazaret?

44

Emanaciones amoniacales —concluyó Vignon— provenientes del sudor y, sobre todo, de la sangre, líquidos orgánicos ambos que contienen urea y, por tanto, amoníaco en estado potencial.

El doctor Vignon aplicó telas empapadas de áloe en solución oleosa a moldes de yeso humedecidos con una solución de carbonato de amonio, y obtuvo así improntas que presentaban cierta analogía con las de la Síndone.

Vignon dio el nombre de *proceso vaporigráfico* a este procedimiento para obtener imágenes negativas. La inevitable objeción a esta hipótesis fue la de que la difusión de los vapores no es ortogonal.[1] Los gases amoniacales no se habrían elevado en ángulo recto, sino que se habrían difundido en todas las direcciones. Y esto, por muy quieta que hubiera estado la atmósfera de la gruta...

Además —objeta el doctor Dezani, de la Universidad de Turín—, para obtener una figura tan uniforme como la que se conserva en la Sábana, se precisaría una emanación regular de amoníaco, que biológicamente es difícil de explicar. En efecto, la distribución de las glándulas sudoríporas no es uniforme en el cuerpo humano, como tampoco lo es su actividad, ni la composición del líquido secretado.

Más aún, «el sudor de sangre de Jesús en Getsemaní y camino del Calvario debió de quedar absorbido por la túnica, por lo que respecta a la hipótesis de Vignon», prosigue el doctor Dezani.

Finalmente, «el sudor del crucificado expuesto desnudo al sol y al aire durante varias horas hubo de evaporarse, cristalizándose la urea». Es decir, pasando ésta a un estado físico en el que resultaría difícil

[1] Dícese de lo que está en ángulo recto.

el proceso de fermentación. Éste se verifica fácilmente a una temperatura superior a los 20 grados. En cambio, lo hace lentamente, a temperaturas inferiores. Y hemos de recordar que la muerte de Cristo se produjo, según parece, en abril, en las horas próximas al atardecer y a una altitud, respecto al mar, similar a la de Madrid. Es decir, por debajo de los citados 20 grados.

Pero antes de pasar al excepcional capítulo de la misteriosa radiación que tuvo lugar en la oscura gruta donde reposaba aquel cadáver, quiero exponer los resultados de las averiguaciones de los médicos sobre las torturas y muerte del llamado Jesús de Nazaret. «Detalles» escalofriantes que sólo hemos podido conocer ahora, estudiando el lienzo de Turín.

Un capítulo que me ha llenado de horror y de asombro...

6. LOS EVANGELISTAS,
UNOS MEDIOCRES «REPORTEROS»

Después de diecisiete años en la fascinante profesión periodística, creo que he aprendido algo, al menos en lo que se refiere a la «técnica» —a la «mecánica»— de la búsqueda, elaboración y transmisión de las noticias. Me considero, sobre todo, un reportero. Un «impenitente» cazador de buenas y malas nuevas que —casi con seguridad— dejará la piel «tras la noticia»...

Y digo esto porque, en el «caso» que me ocupa ahora —este «gran reportaje» de Jesús de Nazaret—, leyendo y releyendo los Evangelios, uno intuye que «allí» faltan muchos datos...

En mi opinión —y excepción hecha de san Mateo—, los evangelistas no habrían hecho un papel excesivamente «brillante» en nuestros días como reporteros...

A veces me pregunto qué hubiera sucedido si un completo equipo de periodistas pudiera haber acompañado a Jesús de Nazaret, al menos, en sus tres últimos años de vida.

¿Cuántos detalles, anécdotas, noticias o matizaciones sobre el Nazareno se conservarían hoy?

Pero está claro que —por alguna razón que casi todos ignoramos—, a los periodistas —una vez más— nos dejaron fuera...

Y que conste que si algún día puedo llegar hasta Jesús, ésa será una de las primeras preguntas del largo «cuestionario» que le tengo preparado...

Aunque, en honor a la verdad, parece ser que el Nazareno «sabía lo que hacía». Ahí está ese «documento» único —el lienzo que se conserva en la ciudad de Turín— y que, como comentaba al principio, ha empezado a revelar a médicos, científicos y especialistas, infinidad de «noticias» que no conocíamos.

Una serie de datos que, sencillamente, me ha llenado de horror. Aunque estoy acostumbrado a ver cadáveres y a realizar reportajes e informaciones sobre todo tipo de calamidades, siniestros y mortandades, me ha sacudido el análisis de lo que ahora se nos muestra en relación con las torturas y muerte que sufrió Jesús. Y he sentido tanta aversión como espanto.

Veamos —a título de sumario— algunos de estos «detalles» que no aparecen en los Evangelios y que han quedado patentes en el mencionado lienzo:

1. Jesús de Nazaret fue azotado salvajemente, recibiendo golpes hasta en los testículos. Sólo la zona del corazón se salvó —intencionadamente— del castigo.
2. El Nazareno no fue clavado por las palmas de las manos, sino por las muñecas.
3. Por alguna razón que no sabemos, el clavo destinado a la muñeca derecha no entró bien y fue preciso desclavarlo y volverlo a clavar, en dos o tres intentos...

4. Por supuesto, Jesús de Nazaret no era cojo, tal y como se ha llegado a decir.

5. Hoy sabemos que Cristo medía 1,81 metros de estatura.

6. Esta gran corpulencia hizo todavía más penosa su agonía, al tener que sustentarse prácticamente en el clavo, o los clavos, que le atravesaron ambos pies.

7. La «corona» de espinas no era tal. Se trataba de un «casco» de espinas.

8. Le arrancaron, brutalmente, parte de la barba.

9. En el camino hasta el Gólgota, Jesús de Nazaret cargó un único madero sobre los hombros. Su peso era de unos 60 kilos.

10. Fue atado por uno de los tobillos al resto de los que iban a ser ajusticiados.

11. La lanza le perforó la parte derecha del corazón, aunque Jesús de Nazaret estaba ya muerto.

12. Sobre sus párpados —una vez muerto— fueron colocadas dos pequeñas monedas de bronce.

7. «PROYECCIÓN MENTAL» A LA PASIÓN Y MUERTE DEL NAZARENO: UNA EXPERIENCIA INOLVIDABLE

Siempre imaginé que Jesús de Nazaret había sido un judío típico. Es decir, fornido y de una talla similar a la media mediterránea. Quizá entre 1,60 y 1,65 metros de estatura.

Pues no. También en esto me equivocaba.

Mucho antes, por supuesto, que los científicos de la NASA se decidieran a trabajar en la Sábana de Turín, otros expertos —especialmente médicos de gran relieve sacaron jugosas conclusiones de los minuciosos «chequeos» a que sometieron el lienzo.

Uno de estos prestigiosos cirujanos, el doctor Cordiglia, tras cuatro páginas de medidas antropométricas, afirma, en un importante estudio, que el «hombre» de la Sábana medía 1,81 metros de altura.

Según el médico, «de estos datos vemos presentársenos delante un "hombre" antropométricamente perfecto. Extraordinario en toda su imponente hermosura, que se trasluce de las mórbidas líneas del rostro».

Y añade:

«Si se tiene en cuenta el concepto unitario del organismo y el significado biológico del psiquismo... y si aceptamos la correlación que los varios autores sostienen entre características psíquicas y somáticas, tenemos que ver en Él un individuo también psíquicamente perfecto.»

En cambio, Cordiglia no logra centrar a Jesús de Nazaret —al menos a través del análisis de sus medidas corporales— en ningún grupo étnico. Esto resulta sumamente paradójico si tenemos en cuenta las «raíces» del Nazareno a lo largo de la Historia del pueblo judío...

La cabeza del «hombre» que estuvo envuelto en la Sábana de Turín —asegura el especialista— era claramente «mesocéfala».[1] Su índice, de 79,9.

Y aunque la considerable estatura de Jesús no parece corresponder a dicho índice, todos los informes médicos, sin embargo, apuntan hacia el tipo «mediterráneo».

«Pero afirmar, como tantos lo han hecho, fijándose tan sólo en la fisonomía —matiza Cordiglia—, que refleja las características semíticas,[2] es ignorar los demás elementos, especiales y excepcionales que, por su alto grado de perfección corporal, nos obligan a clasificarlo fuera y por encima de cualquier tipo étnico.»

Desde el punto de vista teológico, esta conclusión no puede sorprender, puesto que —según se afirma en los Evangelios— Jesús fue concebido por obra del

[1] Índice craneal intermedio entre el braquicéfalo y el dolicocéfalo.

[2] Semíticas: características de los descendientes de Sem.

52

Espíritu Santo. No hubo, según esto, mediación alguna del código genético del hombre.

Por mi parte —y siempre considerando estas afirmaciones como una pura opinión personal—, después de leer y reflexionar sobre el Antiguo Testamento, me inclino a pensar que la venida de Jesús a este planeta exigió toda una compleja y, para nosotros, incomprensible serie de «medidas» previas. Y una de esas condiciones —quizá básica— fue la «elección» y lenta preparación de un pueblo o grupo étnico. Una raza, en fin, de todos conocida y que —precisamente— fue calificada como «el pueblo elegido»...

«Elegido», sin duda, desde el punto de vista físico, pero que —y en esto comparto el criterio de Cordiglia— iba a desempeñar un único papel de «soporte». Y la mejor prueba, en fin, la tenemos ahí: en las «anormales» medidas corporales del Nazareno, si tomamos como referencia las características típicas de los judíos.

Pero volvamos al tema central que nos ocupa. Tiempo habrá, en otras obras, de analizar con un máximo de objetividad este y otros reveladores puntos del Antiguo Testamento y que —desde mi humilde opinión— no están suficientemente claros...

Tal y como hacía notar al principio de este capítulo, a raíz de los descubrimientos de los técnicos de la NASA, la pasión y muerte de Jesús de Nazaret se ha ido enriqueciendo con precisiones y datos que no conocíamos por los Evangelios u otros escritos y que —desde el punto de vista puramente narrativo o del conocimiento de aquel suceso— resultan apasionantes.

Conjugando estas nuevas informaciones con los testimonios de los cuatro evangelistas, me he tomado la libertad de «reconstruir» la parte final de esa pasión y muerte del Nazareno. Un relato, hora tras hora, tal y como lo hubiera escrito, quizá, un reportero de nuestros días...

Pero, buscando el máximo realismo, he introducido una muy especial novedad en dicha «reconstrucción». Un total de tres personas, entre las que me incluyo, llevamos a cabo —y por separado— lo que la moderna Ciencia de la Parapsicología define como «proyección mental». Intentaré explicarlo en cuatro palabras.

Cada miembro del «equipo» —mediante unas técnicas concretas de relajación (casi hipnosis)— «se proyectó mentalmente» al tiempo —a las horas— en que discurrió el suplicio y crucifixión del Nazareno.

Estas «técnicas» —bien conocidas de cuantos han practicado los ejercicios de yoga, control mental, meditación trascendental, etc.— pretenden básicamente un descenso de los ciclos cerebrales por segundo. De esta forma, el cerebro humano emite un tipo concreto de ondas, pasando a un estado especial de conciencia. Un «mundo» en el que la mente queda libre: fuera del tiempo y del espacio.

Pues bien, uno de los múltiples «ejercicios» o «experiencias» que puede vivir o sentir el ser humano en dicho estado «Alfa» es precisamente el de «proyectar» su mente a otro tiempo o a otro lugar.

Los resultados —como en esta ocasión— son siempre fascinantes.

Con gran sorpresa por nuestra parte —a la hora de confrontar los resultados—, observamos que no había grandes diferencias entre lo que cada uno de nosotros «había visto», «oído» y, sobre todo, «sentido» en la Jerusalén de hace dos mil años.

He aquí el resultado de aquel apasionante «salto» en el tiempo:

...Pilato, cada vez más contrariado ante el cariz que tomaba aquel súbito asunto de los judíos y el llamado Jesús de Nazaret, mandó traer nuevamente a su presencia al detenido.

La guardia no tardó en llevar a Jesús ante el procurador. Y Pilato, una vez más, se paseó en silencio ante aquel polémico galileo, que tanto había logrado irritar a los sacerdotes y fariseos. Aquella circunstancia —¿para qué ocultarlo?—, y dado el profundo desprecio de Pilato hacia aquellos judíos incultos y venenosos, había despertado en el procurador una cierta corriente de simpatía hacia el «sospechoso»...

El romano, conocedor de los «modales» de los alguaciles y esbirros del Sanedrín, supo desde el primer momento que el llamado Jesús, el Nazareno, había sido ya brutalmente golpeado en el rostro. Aquel hematoma en el pómulo era la prueba más clara...

Jesús seguía con la cabeza ligeramente inclinada hacia el suelo. Aquella disposición —sumisa y silenciosa— crispó los nervios de Pilato, más que alterados ya por la intransigencia y agresividad de los judíos que le habían traído al Nazareno y que, desde primeras horas de la mañana, se agolpaban frente a las escalinatas del pretorio.

Y levantando la vista hacia Jesús, Pilato le preguntó de nuevo:

—¿Eres tú el rey de los judíos?

El detenido miró al procurador y, con voz grave, contestó:

—¿Dices esto por ti mismo o te lo dijeron otros de mí?

Aquello exasperó al romano. Y, gesticulando, se encaró con Jesús al tiempo que le gritaba a corta distancia de su rostro:

—¿Soy acaso judío...? ¡Tu pueblo y los pontífices te entregaron a mí...! ¿Qué hiciste...? Responde, ¡maldita sea!

Pero Pilato no observó la menor sombra de temor en aquel gigante. La mirada de Jesús seguía fija en los ojos del procurador. Y el romano se percató al instante de algo insólito, al menos para él, acostumbrado a tratar a todo tipo de ladrones, traidores y maleantes: el rostro, la mirada y las palabras de aquel hombre nada tenían que ver con los delincuentes y sediciosos que había juzgado y condenado.

Aquel gigante le inspiraba respeto...

—Mi reino no es de este mundo —contestó Jesús—. Si mi reino fuera de este mundo, mis súbditos lucharían para que yo no fuera entregado a los judíos... Pero mi reino no es de aquí.

La sorpresa transformó a Pilato.

—Luego, ¿tú eres rey...?

—Tú lo dices... Yo soy rey.

Pilato hizo un gesto de incomprensión y, dando la espalda a Jesús, empezó a caminar hacia la gran puerta del pretorio, donde aguardaba la inquieta muchedumbre. Pero las palabras del Nazareno le obligaron a detenerse y escuchar.

—...Yo para eso nací y para eso vine al mundo. Para testificar la verdad... Todo el que es de la verdad escucha mi voz.

Pilato esbozó una escéptica media sonrisa y, señalando con el dedo a sus pretorianos y posteriormente hacia el lugar donde clamaba la turba, masculló:

—La verdad..., ¿y qué es la verdad?

Y, sin esperar respuesta, siguió su camino hacia el

exterior del pretorio. Junto a él, algunos centuriones y parte de la guardia, que tenían la misión de velar por la seguridad del representante del César.

La muchedumbre volvió a encenderse al ver a Pilato. Y arreciaron en sus gritos contra Jesús de Nazaret.

Uno de los centuriones se aproximó al procurador y le susurró al oído:

—Sabemos que gente pagada por el Sanedrín está agitando al pueblo y comprándolo para que sueltes a Barrabás y sentencies al Nazareno. Anás repartió anoche oro del tesoro del templo y apuntó los nombres de aquellos que lo recibieron. Suponemos que esos cerdos de sacerdotes tratarán de recuperarlo...

Pilato no hizo el menor comentario y, levantando su brazo derecho, pidió silencio. Segundos después, la multitud se calmó. Sólo algunos ladridos se dejaban oír en las calles próximas. Hasta los animales parecían alterados en aquella luminosa mañana de abril.

Y Pilato —adoptando un tono solemne— gritó:

—Yo no hallo en él culpa alguna... Vosotros acostumbráis a que os suelte un preso por la Pascua...

Un murmullo empezó a crecer entre los cientos de manifestantes. Y el procurador, elevando la voz, preguntó:

—¿Queréis que os suelte al rey de los judíos...?

Las palabras del procurador se vieron ahogadas por un estallido de imprecaciones y malhumor. Los judíos se sintieron burlados por el romano y aquello precipitó los acontecimientos. Y lo que al principio fueron aislados gritos en favor de Barrabás, mezclados con algunos que defendían también a Jesús, termino por convertirse en una sola y atronadora voz, que repetía presa ya de la más absoluta histeria:

—¡A Barrabás, a Barrabás...!

A la vista de esta situación, Pilato pidió una jofaina. Y, con la teatralidad que le caracterizaba, la levantó sobre su cabeza, mostrándola a la enardecida multitud. Después se lavó las manos, al tiempo que gritaba:

—¡Soy inocente de esta sangre...!

Y, dando media vuelta, entró nuevamente en la estancia donde esperaba Jesús. Pero Pilato no se atrevió a mirar el rostro del detenido. Y, alentando todavía una cierta esperanza, dio instrucciones a sus soldados para que fuera azotado de tal forma que —al verlo— las gentes se ablandaran.

Viernes, 9:15 horas
Se orinaron sobre el Galileo

La guardia condujo al Nazareno hasta el espacioso patio interior del palacio.

Jesús pudo ver cómo uno de los romanos desataba algunos caballos y los retiraba hacia el extremo opuesto de la estancia. Allí volvió a anudar las riendas a la argolla de hierro existente sobre un mojón de piedra. Y lentamente, con una abierta sonrisa de burla, se dirigió hacia el Nazareno, que esperaba todavía bajo los soportales que rodeaban el patio rectangular.

Y, a empujones, Jesús atravesó el blanco empedrado, encharcado acá y allá por los pestilentes orines y el estiércol de las caballerizas.

El Nazareno apenas pudo percatarse de la masiva entrada en el patio de casi todos los soldados libres de servicio que formaban la cohorte del procurador. El romano que minutos antes había desatado la media docena de caballos, le despojó con violencia del manto, haciendo lo propio con la túnica blanca...

Otro soldado procedió a sujetar sus muñecas con una gruesa cuerda, obligándole a inclinarse sobre el mojón que acababa de quedar libre y que no mediría más arriba de los 40 centímetros.

Aquella forzada postura hizo que Jesús —dada su considerable altura— tuviera que separar el extremo de sus piernas. Y los largos cabellos cayeron pronto ante sus ojos. Pero aquello no le impidió seguir escuchando el alegre y constante canto de las primeras bandadas de golondrinas que habían empezado a llegar a Jerusalén.

No tardó en sentir sobre su espalda el calor del sol.

Pero, de pronto, un golpe seco y brutal le hizo estremecerse. Y sus rodillas se doblaron.

A ambos costados de Jesús, otros tantos sayones habían iniciado una sistemática y bárbara lluvia de golpes sobre el cuerpo del detenido.

Para ello empleaban sendos látigos, provistos, a su vez, de correas de cuero, en cuyos extremos habían sido fijados otros tantos pares de bolas de plomo.

Pronto se confundieron los gritos e improperios de la soldadesca, con el chasquido de las correas sobre la carne de Jesús, el resoplar de los flageladores y los relinchos de algunos caballos, alterados ante la presencia de aquellas centurias.

Y la sangre empezó a brotar a lo largo de la espalda, costillas, muslos y pantorrillas del Nazareno. Al principio, no en demasiada abundancia...

Pero, conforme los golpes eran cantados por los propios verdugos, las heridas —especialmente las de las anchas espaldas— fueron abriéndose más y más. Y los regueros de sangre se hicieron tan copiosos que, a cada nuevo golpe, las gotas eran despedidas y lanzadas sobre los muros próximos, así como sobre las vestimentas de los romanos más cercanos al mojón.

Éste, igual que buena parte del empedrado, quedó salpicado también por aquel goteo...

Mediado el castigo, los sayones fueron relevados por otros dos romanos, que reemprendieron la flagelación con idéntica saña.

Cuando los golpes empezaban a aproximarse a los 80, Jesús terminó por clavar sus rodillas sobre los adoquines, dejándose caer sobre el mojón. Para entonces, sus espaldas y piernas brillaban al sol, húmedas por el sudor y la sangre.

Pero el espectáculo empezaba a desasosegar a alguno de los soldados romanos y a cansar a la mayoría. Y parte de la cohorte empezó a retirarse.

Fue entonces —cuando el sayón contabilizaba el centenar de latigazos— cuando uno de los centuriones se adelantó y ordenó detener la carnicería.

—¡Desatadle! —añadió el oficial.

En el silencio del patio sólo se escuchaba la respiración agitada de los verdugos, que —todavía con los flagelos en las manos— contemplaban a aquel gigante caído y ensangrentado.

Uno de los verdugos, bañado en sudor, se sentó a la sombra del pórtico, tratando de limpiar la sangre de las correas.

Pero Jesús apenas se movía. Y el oficial, temiendo que pudiera fallecer, ordenó a sus soldados que trajeran agua.

Al punto, los romanos baldearon el cuerpo de Jesús. Y uno de los soldados procedió a desatarlo de la argolla, intentando en vano levantar al Nazareno. Al soltarlo, el cuerpo cayó pesadamente sobre el piso. Era evidente que el detenido había recibido un durísimo castigo.

Y nuevos cubos de agua fueron derramados violentamente sobre la espalda y cabeza de Jesús. A los pocos minutos, el Nazareno intentó incorporarse. Y el centurión que había sido encargado del suplicio respiró. Él mismo, asistido por otros soldados, terminó por levantar al prisionero. Jesús mantenía sus ojos cerrados.

Algunas moscas y moscardones zumbaban sobre las heridas.

Alguien colocó sobre los hombros de Jesús una vieja capa púrpura, mientras otros procedían a sentarle en uno de los bancos de piedra de los soportales. Y allí arreciaron las burlas, salivazos e insultos. No era muy frecuente que las centurias tuvieran ante sí a alguien que se autoproclamaba «rey de los judíos». Rey de un pueblo tan aborrecido como odiado por aquellos soldados, la mayoría, lejos de su patria y de sus familias.

Pero las risotadas y aspavientos aumentaron de pronto en uno de los extremos del gran patio. Uno de los soldados se acercaba hasta Jesús con paso marcial. Llevaba entre sus manos un casco trenzado con espinos, de los que crecían comúnmente junto a las murallas de la ciudad. Y rodeando al romano, otros miembros de la guardia, que habían adivinado las intenciones de aquél y celebraban la ocurrencia.

Entre reverencias y procacidades, el soldado se situó frente al Nazareno y levantó el casco de espinos sobre la cabeza del azotado, que proseguía con los ojos cerrados y sin proferir el menor lamento o protesta.

En medio de una morbosa expectación, el romano incrustó de golpe las espinas en la cabeza de Jesús. Y un rugido de satisfacción se levantó nuevamente en el patio, asustando a las ya inquietas caballerías.

Las polvorientas y amoratadas mejillas del Nazareno se vieron pronto surcadas por finos reguerillos de sangre. Y los cabellos, pastosos ya por el agua y la sangre de la flagelación, se humedecieron nuevamente.

Con una caña entre los dedos, el detenido asistió entonces a un «desfile» cruel y mordaz por parte de la soldadesca.

Y, entre ceremoniosos saludos, los romanos terminaron de encajar a golpes —con palos y con las propias astas de sus lanzas— el afilado casco de espinos.

Pero las risotadas alcanzaron su máxima expresión cuando uno de aquellos soldados, colocándose a corta distancia de Jesús, soltó sus calzones, orinándose sobre el pecho, vientre y piernas del Nazareno.

Muy pocos de aquellos romanos se percataron entonces de las lágrimas que, sutilmente, habían empezado a mezclarse con los coágulos de sangre en el rostro del Galileo...

Fue de nuevo la llegada del centurión la que puso punto final a aquel escarnio. Y los soldados recogieron la capa y la caña y le vistieron sus ropas.

Con paso tambaleante, Jesús fue conducido de nuevo hasta el procurador.

Informe de los expertos
«Unos cien golpes»

Pero hagamos un alto en la narración, en la «proyección mental».

¿Qué dicen los expertos y estudiosos del lienzo de Turín en relación con las heridas ocasionadas en esta primera «fase» del tormento?

Los recientes hallazgos de los científicos de la NASA, así como los de otros especialistas en Medicina, han puesto de manifiesto que el hombre de la Sábana de Turín fue azotado al estilo romano y no judío. Esta última modalidad constaba de 40 golpes menos uno. Pero la romana —*more romanorum*— no tenía límite. Sencillamente, se suspendía cuando así lo juzgaba conveniente el *executor sententiae*...

Y estudiando el «mapa» de las huellas del lienzo de Turín, los expertos han podido constatar que la flagelación sumó más de cien golpes. Latigazos —a juzgar por las heridas— que cayeron especialmente en el dorso y el pecho de la víctima, encorvada como estaba sobre alguna pequeña columna a la que había sido atada por las manos.

No obstante, se aprecia que los azotes alcanzaron igualmente las piernas, vientre, nalgas e incluso testículos.

Todos los especialistas han advertido, por la distribución de las heridas, que la flagelación debió de ser metódica e infligida por dos verdugos tan expertos como resistentes a la fatiga. Un ejemplo de lo primero es la zona del corazón: en dicha área no aparecen tantas señales como en el resto del cuerpo. La razón parece obvia. Una acumulación de impactos en esa zona del tórax hubiera podido acarrear un colapso. Y los ejecutores se habrían hecho responsables ante el magistrado romano...

En cambio, en el lienzo abundan huellas de excoriaciones «figuradas» o improntas de azotes, desde todo el tronco a las piernas. Esas marcas son bautizadas con los calificativos de *a manubrio de gimnasia* o *en estrías o lengüetas*, y corresponden al par de bolas de plomo del látigo y a sus correas.

Prácticamente, todos los investigadores se muestran de acuerdo en el hecho de que los golpes cayeron a pares. En otras palabras: que era casi seguro que el suplicio fue administrado por dos verdugos simultáneamente. Y es muy posible también que cada flagelo estuviera armado de dos correas, cada una con su correspondiente par de bolas de plomo o huesecillos. Quizá, tabas...

En cuanto a las manchas de sangre que aparecen en la cabeza, el profesor Cordiglia afirma en sus estudios:

«Se trata de singulares calcados de gotas sanguíneas que interesan a la región frontal, parietal-temporal y occipital. Son la expresión de lesiones sobre el cuero cabelludo. Considerando su distribución a modo de aureola, debemos deducir que han sido causadas por objetos en punta, aguijonados, clavados, frotados sobre el copiosamente regado cutis de la cabeza en forma de corona o cofia de espinas.»

Y añade un detalle escalofriante:

«Una gota más marcada se encuentra en la región mediana de la frente, que ofrece la forma de un "3" al revés: la sangre se ha abierto camino entre las arrugas de la frente en dos momentos. Primero, cuando se contrajeron los músculos de la piel, en el espasmo del dolor. Por último, en su relajamiento final, en el momento de la muerte.»

En las huellas de la Sábana se observa igualmente cómo el roce del madero que Jesús cargó sobre sus hombros camino del Gólgota con este «yelmo» de espinos lesionó marcadamente la región occipital o próxima a la nuca.

Y, con la misma precisión, los científicos han podido deducir y demostrar lo que ya se apunta en los

Evangelios: a Jesús de Nazaret le golpearon en pleno rostro.

Veamos.

La desviación del arco de la nariz hacia la izquierda es claramente visible en el lienzo.

Como también lo es, en línea con ella, la contusión en forma triangular en la región cigomática[1] derecha.

Afirman textualmente los médicos:

«Precisamente allá donde confina el cartílago con el hueso nasal, y donde se observa una zona excoriada y contusa, la nariz inicia una ligera desviación hacia la izquierda... Se trata, evidentemente, de un bastonazo, propinado con un palo más bien corto, redondo, de un diámetro máximo de cuatro a cinco centímetros, cuya fuerza de contusión ha sido más violenta en su extremidad. Es decir, sobre la nariz. Y de violencia algo menos debajo de la región cigomática derecha.

»El golpe lo descargó un individuo que se encontraba a la derecha del agredido y empuñaba el bastón con la izquierda.»

Recordemos que durante el interrogatorio en la casa de Anás, el Nazareno fue golpeado por uno de los criados o policías del Sanedrín. Y Juan, en su Evangelio, emplea la palabra *rápisma* para describir dicho golpe. Este vocablo significa en griego —y en general—, un golpe dado con un palo, garrote o bastón. La Vulgata, en cambio, lo traduce como «bofetada».

Tampoco debemos olvidar que, mientras los romanos golpeaban con la derecha, los judíos lo hacían con la izquierda. Esto último era lógico, puesto que

[1] Cigomática: mejilla o pómulo.

el pueblo judío escribía al estilo semítico: de derecha a izquierda, utilizando comúnmente la zurda.

Si el que golpeó era un servidor del sumo pontífice, es natural imaginar que su mano izquierda fuera mucho más hábil que la derecha.

Y un último y curioso detalle, aportado por los científicos: La planta que utilizó la guardia romana para confeccionar el «casco» de espinas pudo ser la que los botánicos conocen como «espino de Cristo» *(Ziziphus spina Christi)*, que crece en Siria.

Se trata de un arbusto o pequeño árbol, de unos dos a tres metros de altura, con ramas blancas que pueden curvarse con facilidad. Los arranques de las hojas presentan dos espinos en forma de gancho. Según el botánico G. E. Post, esta planta crecía en los alrededores de Jerusalén, sobre todo, en los lugares próximos al Gólgota.

Viernes, 10:15 horas
Chantaje político contra Pilato

...El procurador Poncio Pilato, miró de hito en hito al detenido. Muy cerca de Jesús, el centurión responsable de la flagelación seguía atento hasta el último parpadeo del Nazareno, dispuesto, junto con otros dos soldados, a intervenir en caso de desfallecimiento del Galileo.

En silencio, Pilato caminó en derredor de Jesús de Nazaret, que continuaba con la cabeza ligeramente inclinada hacia el brillante mármol del Pretorio. Su respiración, lentamente, se había ido acompasando. El romano no disimuló una mueca de horror cuando —al pasar frente a la espalda— observó extensas manchas de sangre en la túnica. Después reparó en las losas de aquel mármol de brocatel, orgullo de la fortaleza Antonia, y se sintió contrariado al verlas rociadas por gruesas gotas de sangre.

Y al tiempo que señalaba con su dedo índice el yelmo de gruesos espinos, interrogó con la mirada al centurión. Éste, por toda respuesta, se encogió de hombros...

Poncio Pilato sintió conmiseración por aquel hijo de Israel. Pero él era el procurador y no podía exteriorizar sus sentimientos, al menos ante sus subordinados. Sin embargo, algo, en el fondo de su corazón, le obligaba a desear la libertad de aquel asombroso Jesús de Nazaret. Y trató nuevamente de salvarle. Hizo un gesto a los soldados para que le sacaran ante la multitud que seguía concentrada frente al palacio, tal y como tenían por costumbre en aquellas fechas de la Pascua, en espera de la liberación de un reo.

Cuando Pilato mostró a Jesús a la muchedumbre, un nuevo griterío apagó casi las palabras del procurador:

—¡Mirad, os lo traigo fuera para que sepáis que no encuentro ningún delito en él...!

Pero los sumos sacerdotes habían hecho circular consignas y monedas entre los judíos para que se manifestaran a favor de la muerte del Nazareno. Y, desde el mismo instante en que Jesús apareció ante el pueblo, ya sólo se escuchó una palabra:

«¡Crucifícalo... Crucifícalo!»

Poncio Pilato, irritado, ordenó silencio. Y mostrando al Galileo, les dijo:

—¡Tomadlo vosotros..., y crucificadle! Yo no encuentro ningún delito en él.

Uno de los sumos sacerdotes, tomando la palabra, respondió al procurador:

—¡Nosotros tenemos una Ley, y según esa Ley, debe morir... porque se tiene por Hijo de Dios!

Y los miles de judíos que se agolpaban ya frente a la fortaleza Antonia, en la colina, estallaron en nuevas voces y protestas, exigiendo al romano que crucificase a Jesús.

—¿Hijo de Dios...?

Aquello era nuevo para Poncio Pilato. Y, un tanto confuso y sorprendido, ordenó que entraran al reo al pretorio. Mientras tanto, la guardia del palacio había sido reforzada, en previsión de cualquier acto de violencia por parte del irritado pueblo judío. El propio procurador había advertido a sus oficiales para que intervinieran con todo rigor en caso de desorden.

Aquella situación, realmente, empezaba a molestar a Poncio Pilato.

Una vez en el interior, preguntó a Jesús:

—¿De dónde eres?

Pero el reo se limitó a mirarle fijamente. Aquello exasperó a Pilato.

—¿No me hablas...?

Ante el silencio del arrestado, el centurión avanzó hacia Jesús, dispuesto a castigar aquella insolencia. Pero el procurador se adelantó al oficial romano y, encarándose con el Galileo, volvió a preguntarle con voz amenazante:

—¿No sabes que tengo poder para soltarte y poder para crucificarte?

De inmediato, Jesús —que seguía con sus manos atadas— murmuró:

—No tendrías contra mí ningún poder, si no se te hubiera dado de arriba... Por eso, el que me ha entregado a ti tiene mayor pecado.

Y Jesús sostuvo la mirada del procurador.

Pilato estaba seguro. En aquel hombre no había

soberbia. Aquélla no era la mirada ni el tono de un arrogante. ¿Se trataba de un loco...? ¿O estaba verdaderamente ante un profeta...?

Pero, ¿cómo era posible que hablara así un individuo que había sido tan duramente azotado y humillado...?

«Lástima no haberle conocido antes», pensó el procurador.

Era la hora sexta cuando llegaron hasta el romano unos gritos que le intranquilizaron sobremanera.

—¡Si sueltas a ése —clamaba la turba—, no eres amigo del César...! ¡Todo el que se hace rey se enfrenta al César...!

Aquello era demasiado. Si la creciente rebelión de los judíos, en vísperas de la Pascua, llegaba a oídos del César, sus favores ante aquél podían verse en serio peligro...

Y aunque era consciente del «chantaje» de que estaba siendo objeto por parte del Sanedrín, Pilato titubeó.

Se sentó nuevamente en el tribunal, en el lado conocido como «enlosado», y colocó a Jesús a su lado. Y gritó el procurador:

—¡Aquí tenéis a vuestro rey...!

Pero los manifestantes clamaron con fuerza:

—¡Fuera, fuera...! ¡Crucifícale...!

Y el romano asintió:

—¿A vuestro rey voy a crucificar...?

Los sumos sacerdotes, que habían ido ocupando un lugar próximo al pretorio, levantaron sus brazos al cielo y estallaron:

—¡No tenemos más rey que el César!

Y la chusma siguió vociferando y «aullando»...

Pilato golpeó entonces los brazos de piedra del tribunal con las palmas de sus manos y se levantó bruscamente, desapareciendo en el interior del pretorio.

Y ordenó a sus oficiales que lo dispusieran todo para la inmediata ejecución de la sentencia de muerte: crucifixión.

Viernes, 10:45 horas
Amarrados por los tobillos

... Jesús de Nazaret fue conducido nuevamente al centro del patio de armas. Hacía tiempo que se habían retirado las centurias romanas, especialmente alertadas y distribuidas en torno a la fortaleza Antonia —sede del procurador Poncio Pilato durante su estancia en Jerusalén— y dispuestas, como digo, a repeler el menor brote de violencia en aquella inquietante mañana.

La actitud de los soldados que le custodiaban —y, sobre todo, la del centurión encargado por Pilato del cumplimiento de la ejecución— había variado sensiblemente desde que el procurador hiciera pública su decisión de terminar con la vida del detenido. Desde aquel instante, las burlas desaparecieron. Y en la faz de la mayoría de los soldados que se cruzó con el Galileo era fácil leer cierta compasión...

Desde el primer instante en que Jesús empezó a ser interrogado por el romano, la totalidad de la guarnición se percató de los deseos del procurador, que trataba inútilmente de ponerle en libertad.

Uno de los guardianes liberó a Jesús de sus ligaduras. Y, por un instante, el Nazareno levantó su ensangrentado rostro hacia aquel tibio sol del mediodía. Pero sus ojos estaban tan inflamados como consecuencia de los golpes y latigazos, que apenas se percató de la acusada transparencia de aquel cielo turquesa. Eso sí, las golondrinas habían desaparecido, evitando, como siempre, el rigor del calor.

A una orden del centurión, uno de los soldados, situándose a espaldas del condenado, le levantó ambos brazos hasta colocarlos en cruz. Y así le sostuvo mientras otro miembro de la escolta, por la parte frontal, y tras empujar violentamente la cabeza de Cristo hacia atrás, pegó su lanza al cuerpo del Galileo, en línea con los brazos. De esta guisa pudo medir su «envergadura», transmitiendo al responsable de los almacenes de la guarnición la medida exacta del *patibulum* que debía cargar el detenido.

El encargado de la intendencia se perdió en la penumbra del portalón que conducía a las galerías subterráneas de la fortaleza, no sin antes proclamar sus dudas sobre la existencia de un madero de las dimensiones exigidas por la gran talla del Nazareno...

Y aunque los depósitos del palacio se hallaban copiosamente provistos de estos específicos maderos —en especial, desde la llegada al poder de Herodes el Grande—, no era frecuente que entre los judíos ajusticiados apareciera alguien con una altura de 1,81 metros...

En aquel instante, y por las mismas escaleras por las que acababa de alejarse el oficial intendente, irrumpieron en el soleado patio cuatro soldados provistos de lanzas y flagelos. E inmediatamente detrás, dos judíos que habían sido sorprendidos robando en las calles de Jerusalén y que venían aprovechándose de las grandes aglomeraciones de aquellas señaladas fechas de la Pascua.

La guardia había colocado sendos maderos de poco más de un metro de longitud sobre sus hombros y nuca. Y sus brazos y manos aparecían fuertemente amarrados a aquéllos. El peso de los troncos les obligaba a caminar ligeramente inclinados, violentando al mismo tiempo la cabeza para no perder la visibilidad.

Una soga había sido anudada al tobillo derecho del primero, prolongándose como dos metros hasta llegar al segundo condenado, que aparecía igualmente atado a la altura del tobillo derecho.

Un quinto soldado cerraba la comitiva, atenazando entre sus manos el resto de la gruesa cuerda de esparto.

La guardia condujo a los ladrones hasta el extremo del patio donde permanecía Jesús. Pero el Nazareno seguía con la cabeza inclinada sobre el tórax y casi no advirtió cómo los nuevos prisioneros eran empujados hasta quedar situados a breves pasos de él.

Uno de los ladrones —llamado Dimas— fijó sus ojos en aquel tercer y desconocido condenado a quien no habían visto por las mazmorras. Y le susurró a su compañero:

—¡Es Jesús, el profeta...! Pero, ¿qué han hecho con él...?

Dimas, encorvado bajo el peso del *patibulum*, observó, estremecido, cómo en torno a las sandalias del Galileo se había ido formando un charco de sangre, que se veía alimentado ininterrumpidamente por finos hilillos que escurrían por el interior de la túnica. También desde las sienes del «profeta» notó el ladrón cómo goteaba la sangre.

Y, sin saber por qué, sintió lástima...

«Éste es un hombre bueno —pensó—. ¿Por qué está aquí?» Pero Dimas no halló respuesta en su corazón.

El centurión daba muestras de impaciencia. Y ordenó a uno de los soldados que bajara a los almacenes de la torre en busca del intendente.

Al mismo tiempo, otro de los legionarios —a una orden del oficial— situó a los ladrones de espaldas a Jesús, extendiendo la soga hasta el pie derecho de aquél. Pero antes de proceder a anudar la cuerda en torno al tobillo, el soldado dobló la pierna del Nazareno, sujetándola entre sus grandes manos, tal y como tienen por costumbre los herreros con las patas de las caballerías, cuando se trata de trabajar con las herraduras. Y procedió a desatar la primera sandalia...

Aquella inesperada y brusca maniobra hizo tambalear al gigante, que a punto estuvo de caer sobre el empedrado del patio de armas...

La guardia que permanecía a su lado pudo detener la caída...

Pero las imprecaciones de la soldadesca y el entrechocar de sus petos y espadas llamó la atención de los ladrones, que se volvieron a un mismo tiempo hacia el grupo, con tan mala fortuna, que uno de los condenados, al girar, golpeó duramente con su madero al romano más cercano, derribándole.

El incidente hizo estallar al resto de la guardia, que la emprendió a latigazos y puntapiés con Dimas y su compañero.

El castigo se prolongó hasta que el intendente y el legionario se aproximaron a Jesús de Nazaret. Tal y como anunciara el responsable de la intendencia de la fortaleza Antonia, no había sido fácil encontrar un *patibulum* lo suficientemente largo para la cruz del Galileo...

Pero, al fin, y merced a la ayuda del soldado enviado por el centurión, el intendente había logrado localizar un pesado tronco de olivo, de unos 60 kilos de peso y casi 1,70 de altura. Con aquello sería suficiente.

Y la guardia se dispuso a plantar el *patibulum* sobre la nuca y hombros del Nazareno.

Mientras uno de los legionarios sujetaba los brazos del condenado en forma de cruz, otro asentó el tronco. Y, con extrema diligencia y precisión, un tercero y cuarto soldados fueron amarrando el madero a las muñecas, brazos y axilas. La operación fue rematada, anudando la soga —en sucesivas y férreas vueltas— al pecho de Jesús. De esta forma, el *patibulum* quedaba firmemente sujeto al condenado. Una segunda cuerda vinculó por último los tres maderos que cargaban los judíos.

Todo estaba listo.

Jesús, bajo el peso del *patibulum*, aparecía ahora encorvado y con sus piernas ligeramente flexionadas. La túnica —aplastada por el grueso tronco— había terminado por teñirse de rojo. Y los largos cabellos se deslizaron hacia el rostro, ocultándolo casi en su totalidad. Jesús intentó en vano echar atrás la cabeza. Cada vez que se lo proponía, los espinos, afilados como dagas, eran presionados por la madera, clavándose en el cuero cabelludo.

Y casi a ciegas comenzó a seguir a los dos condenados que le precedían.

Pero sus pasos, vacilantes y lentos, fueron notados de inmediato por el centurión que marchaba al frente de la veintena de legionarios dispuestos por el procurador para la conducción de los sentenciados hasta el llamado Gólgota, o montículo del Cráneo.

Las turbas judías esperaban el paso de la comitiva, y sus ánimos y ademanes no infundían excesiva confianza a los romanos. De ahí que hubiera sido triplicada la guardia habitual para estos casos...

Al atravesar el cuerpo de guardia, el ladrón que abría la comitiva lanzó un salivazo sobre los romanos que contemplaban el paso de los condenados. Y el centurión encargado de la custodia se abalanzó sobre el judío, descargando una durísima patada contra los genitales del prisionero. La violencia del golpe hizo caer fulminado al ladrón, que arrastró a Dimas y, por último, a Jesús.

Los soldados —acostumbrados a este tipo de caídas en cadena— reaccionaron al instante, forzándolos a incorporarse a base de latigazos y sonoros puntapiés en costillas y vientres. Al poco, y no sin ímprobos esfuerzos, los dos primeros habían logrado incorporarse. No así el Nazareno, que seguía materialmente aplastado bajo el peso del *patibulum*.

En vista de que Jesús no reaccionaba a los nuevos latigazos, uno de los guardias le atenazó por la barba, tirando de ésta con rabia.

El gesto fue tan violento, que el romano arrancó un mechón y el Nazareno volvió a caer pesadamente, golpeándose el rostro contra las losas. Y un borbotón de sangre se derramó sobre el corredor.

El centurión gritó silencio.

Y, junto con otros legionarios, contemplaron al Nazareno, inmóvil, aprisionado por el *patibulum* y bañado en sudor y sangre.

—No resistirá... —comentó uno de los soldados.

—¡Está bien! —ordenó el oficial—. ¡Ponedle en pie...!

Con la respiración entrecortada, el Galileo fue izado y sostenido por varios romanos. La sangre seguía manando por sus heridas, y las manos, por efecto de las tensas ligaduras, empezaban a amoratarse.

Pero el centurión no parecía dispuesto a perder todo el día con aquel enojoso asunto y mandó seguir hacia el exterior del pretorio.

Camino ya de la Puerta Juiciaria, y al poco de iniciar el pronunciado descenso desde la fortaleza hacia las murallas de la ciudad, la guardia se vio obligada a desenvainar las espadas. Cientos de judíos, instigados por los sumos sacerdotes y ancianos, esperaban el paso del Nazareno, vociferando y gesticulando de forma amenazante desde las calles y terrazas. Algunas mujeres, desde las ventanas, vaciaron los orines y excrementos de sus casas sobre la comitiva.

El oficial forzó entonces el paso de los primeros ensogados que chocaban entre sí, golpeando a veces a la muchedumbre que se apiñaba a ambos lados de las estrechas callejuelas de Jerusalén.

En uno de aquellos tirones, el Galileo perdió de nuevo el equilibrio, desplomándose y obligando al resto a detenerse.

Como era lo acostumbrado en aquellas circunstancias, la custodia rodeó más estrechamente a los presos, manteniéndose de cara a la multitud y con las armas preparadas. Pero las piedras y frutos podridos seguían cayendo sobre soldados y condenados.

—Está perdiendo mucha sangre —informó uno de los legionarios al oficial, después de reconocer a Jesús, que permanecía en tierra, atrapado bajo aquellos 60 kilos. El centurión le observó con creciente preocupación...

El Nazareno, con la mejilla izquierda sobre la amarillenta arena que cubría la calle, respiraba agitadamente. A cada respiración y expiración, Jesús levantaba una minúscula nube de polvo.

De pronto se hizo el silencio entre los judíos. El centurión había sacado su espada y, con gesto grave, se abrió paso entre sus soldados, caminando hacia la multitud, que retrocedió al instante.

Y, señalando con la punta de su arma a uno de los más corpulentos curiosos, le conminó para que se aproximara.

Y el judío, conocido como Simón de Cirene —que volvía de su trabajo en el campo— fue obligado, tal y como marcaba la requisa romana, a cargar con el *patibulum* de Jesús de Nazaret. Una vez desatado, el Nazareno fue puesto en pie. Y el grupo reanudó su camino.

Simón, hombre sencillo y apartado de las intrigas de los fariseos, aceptó la orden del centurión sin la menor protesta. Aquello —después de todo— era algo extraordinario en la rutina de su vida... Y caminó detrás del «profeta», de quien ya había oído hablar.

Al traspasar las altas murallas de la ciudad, Jesús de Nazaret, algo más repuesto, inició con el resto de los soldados y sentenciados la ligera ascensión hacia la peña del Cráneo, que se levanta a poco más de trescientos metros de Jerusalén.

Dimas quedó paralizado por el terror al divisar en lo alto del cerro varios maderos clavados en tierra. Eran los *stipes*, o palos verticales de las cruces, rematados por sendos vástagos y en los que serían ensamblados los maderos que ahora cargaban.

Y un grito casi animal se escapó de la garganta del maleante, conmocionando a toda la escolta y a las gentes que, en numeroso tropel, seguían a los romanos a prudente distancia.

Dimas se negó a caminar. Y fue preciso azotarlo hasta que la sangre brotó de entre los jirones de sus ropas para que accediera, casi maquinalmente, a avanzar. Desde ese instante, sus lágrimas y gemidos fueron ya constantes.

Fue en aquella forzada pausa cuando algunas mujeres —llorando y lamentándose— se despegaron de la muchedumbre, y trataron de acercarse a Jesús. Pero algunos de los legionarios lo impidieron.

El Nazareno, volviéndose hacia ellas, les dijo con voz entrecortada:

—¡Hijas de Jerusalén...! ¡No lloréis por mí...! ¡Llorad más bien por vosotras y por vuestros hijos...! ¡Porque llegarán días en que se dirá: dichosas las estériles, las entrañas que no engendraron y los pechos que no criaron...!

Uno de los soldados trató de hacer callar a Jesús, pero el centurión —que escuchaba atento— se lo impidió. Y el Galileo concluyó:

—¡... Entonces se pondrán a decir a los montes: caed sobre nosotros...! Y a las colinas: ¡cubridnos...! Porque, si en el leño verde hacen esto, en el seco, ¿qué harán?

Y Jesús guardó silencio, prosiguiendo su camino hasta el Gólgota.

Informe de los expertos
«Le arrancaron mechones de la barba»

Los médicos que han examinado el lienzo que se guarda en Turín se muestran de acuerdo en un hecho: el «hombre» cubierto hace dos mil años con aquella sábana había cargado algo muy pesado sobre sus espaldas.

Sobre el hombro derecho —región supraescapular y acromial derecha— «se observa una vasta zona excoriada y contusa, de forma casi rectangular, que se extiende algo oblicuamente de arriba abajo y de fuera adentro, como de unos 10×9 centímetros. Otra zona de iguales características se aprecia en la región escapular izquierda».

Y prosigue el catedrático forense, doctor Cordiglia:

«Un examen atento de ambas regiones nos revela que sobre ellas gravitó, aunque fuera a través de alguna prenda de vestir, un instrumento rugoso, de considerable peso, movible y confricante, de un espesor de unos 14 centímetros, el cual allanó, deformó y volvió a abrir las lesiones producidas por la flagelación, lacerando los labios de las heridas y produciendo otras nuevas. Este complejo traumático de contusiones y excoriaciones induce a pensar que fue causado por el *patibulum* (palo transversal de la cruz) que el condenado sostenía con ambas manos sobre los hombros (región supraescapular) en su viaje al lugar del suplicio.»

Este hecho —demostrado, como digo, científicamente— rompe en cierto modo la tradicional imagen de Jesús con una cruz a cuestas.

Según los cálculos de los expertos, este madero transversal que Jesús de Nazaret cargó sobre sus hombros podía medir entre 1,60 y 1,70, con un peso aproximado a los 60 o 70 kilos.

Pero hay más sorpresas.

Los científicos de la NASA han deducido —por las marcas que aparecen en el lienzo de Turín— que el tobillo derecho del Nazareno fue amarrado con una cuerda. Una soga que, indudablemente, vincularía a todos los condenados, evitando así una posible fuga.

Esta estrecha unión entre Jesús y los dos ladrones fue lo que, quizá, prodigó las caídas.

Y, en este sentido, los médicos afirman:

«Las rodillas ofrecen un notable interés (se refiere a las de la Sábana de Turín). La derecha, además de aparecer más contusa, presenta numerosos desgastes de variado tamaño, de aspecto y forma poco definibles... Estas lesiones —concluyen los informes clínicos—, por su dirección y ubicación, nos indican cómo han podido producirse: es decir, acusan la acción discontinua de un agente excoriante e hiriente que había podido ser un terreno accidentado contra una superficie cutánea convexa, una rodilla, sobre la cual la acción lesiva ha sido atenuada por la interposición de un objeto blando, como habría podido ser un tejido, una vestidura.»

Por último —y también a raíz de los hallazgos de los capitanes de la NASA, Jumper y Jackson— hemos tenido noticia de la falta de mechones en la barba de Jesús de Nazaret.

Según los científicos, estos mechones sólo pudieron ser arrancados de cuajo, posiblemente por cualquiera de los legionarios romanos.

Viernes, 11:30 horas
El verdugo, un experto

A una orden del centurión, parte de la guardia descendió a cosa de cincuenta pasos de la pelada peña de la Calavera. Y desde allí, utilizando sus lanzas, impidió que la muchedumbre de curiosos —entre los que se hallaban los sumos sacerdotes y familiares de Jesús— diera un solo paso hacia el lugar de ejecución.

Sin mediar palabra, Simón de Cirene dejó caer el madero al pie de los tres palos de casi tres metros que —desde la invasión de los romanos— habían sido profundamente clavados en tierra y utilizados habitualmente por los extranjeros para dar muerte. Y el campesino se perdió en dirección a las altas murallas de la Ciudad Santa. Sabía lo que les aguardaba a aquellos desgraciados y puso sumo interés en alejarse cuanto antes...

Se aproximaba la hora sexta[1] y el sol había transformado la brillante cúpula del segundo templo de

[1] Hora sexta: aproximadamente, las 12 del mediodía

80

Jerusalén en una mágica montaña cubierta de nieve. Por detrás de la torre de David, el Nazareno —en pie todavía— pudo ver —casi percibir— el Cedrón, con sus aguas planas, dibujando los pequeños bosques de tamariscos y chopos. Y quizá su corazón voló a las ramas de Getsemaní y a los restantes árboles de regaliz y ricino, tan solitarios a partir de aquellas horas...

Pero las crecientes lamentaciones de los que le acompañaban al patíbulo le devolvieron a la realidad.

Cada salteador fue liberado de su *patibulum*. Y mientras uno de los soldados les arrancaba los andrajos, el resto de los romanos formó un círculo en torno a los condenados, situando las anchas moharras a tan corta distancia de sus cuerpos, que —en el caso de haber intentado la fuga— hubieran quedado ensartados en las lanzas.

Dimas, gimiendo como un niño, se cubrió instintivamente el bajo vientre. Y todo su cuerpo se vio sacudido por escalofríos y calambres. Los dientes no tardaron en castañetearle, y un fétido olor hizo reparar a los legionarios en la parte posterior de los muslos del ladrón, por los que habían empezado a resbalar sus excrementos.

Y un sinfín de burlas e insultos cayeron sobre él...

El pavor había agarrotado a Dimas, quien —en el último intento por zafarse de la realidad— cerró los ojos, llorando y suplicando.

Cuando, al cabo de unos segundos, volvió a abrirlos, el ladrón tenía ante sí unas manos sarmentosas y blancas que le ofrecían una ancha vasija de barro. Era una anciana de rostro y ojos hundidos, cubierta con un manto negro. Y, junto a ella, otras tres mujeres de Jerusalén, portando también idénticos recipientes.

—¡Si quieres puedes beber...! —dijo el centurión.

Y el condenado, tremblorosamente, aproximó la vasija a sus labios. Y, consciente de lo que aquello significaba para él, apuró la mezcla amarilloverdosa que formaban la hiel y el vinagre.

Otro tanto repitió el segundo salteador cuando una de las mujeres le ofreció el brebaje. Pero este último, no pudiendo reprimir sus náuseas, terminó por vomitar cuanto había ingerido.

Una tercera mujer se aproximó hasta el Nazareno, que aún no había sido despojado de sus vestiduras, y levantó hacia su rostro un cuenco con una no menos abundante ración del pastoso anestésico.

Pero Jesús, tras llevarlo hasta sus labios, lo puso de nuevo en las manos de la mujer, negándose a beberlo.

Y, sin pérdida de tiempo, los legionarios obligaron a Dimas a tumbarse en tierra, de tal forma que su espalda quedó apoyada sobre el *patibulum*. Y cada brazo fue extendido y sujetado a lo largo del madero por otros tantos romanos.

En un nuevo intento por escapar, el prisionero golpeó con sus pies a un tercer soldado quien —provisto de un martillo y una bolsa con clavos— se disponía a crucificarle.

En el límite de su paciencia, el oficial tomó una lanza y asestó con el asta un preciso golpe en la frente del ladrón. Y aquellos minutos de titubeo por parte de Dimas fueron aprovechados por el verdugo, quien, hundiendo su rodilla izquierda en el diafragma del conmocionado judío, situó un largo clavo sobre la muñeca derecha, levantando el martillo en el aire.

Un violento impacto sobre la redonda y ancha cabeza del clavo hizo que éste se abriese paso con facilidad entre huesos y tejidos, perforando también el madero.

El intenso dolor contrajo hasta el último de los músculos de Dimas. Y un alarido llegó a las murallas de la ciudad.

Otros dos certeros martillazos fijaron definitivamente la muñeca del ajusticiado al extremo derecho del *patibulum*. Y el romano encargado de sujetar aquel miembro abandonó su tarea, dirigiéndose hacia Jesús de Nazaret. Y comenzó a desnudarle.

Una vez clavado por ambas muñecas, el pecho de Dimas fue ceñido con la misma soga que había servido para unir por los tobillos a los tres prisioneros. Y con la ayuda de otros dos cabos, anudados a los extremos del *patibulum*, la guardia —situándose en la parte posterior de la *stipes*— se preparó para izar al condenado hasta lo alto del vástago, que debería encajar en el vaciado del madero transversal.

El oficial adosó una escalera de mano en la cara posterior de la *stipes* y ascendió hasta situarse por encima del vástago.

Y en esta posición, después de hacer descansar las sogas sobre las hombreras de bronce de su loriga, dio la orden para que sus soldados tirasen.

Al primer tirón, el madero fue izado a un metro del suelo. Pero el crucificado había perdido el conocimiento, y la operación pudo llevarse a efecto con relativa rapidez.

Animándose con rítmicos monosílabos, los legionarios terminaron por izar el *patibulum* y, con él, el exánime cuerpo de Dimas.

A cada tirón de los soldados, un chorro de sangre manaba por entre los clavos, empapando la base del madero vertical, así como buena parte de la peña.

El *patibulum* llegó hasta el centurión y éste —controlándolo con manos y tórax— lo acopló en el vástago.

Las sogas fueron retiradas del cuerpo y del madero, y el legionario que había martilleado las muñecas del ladrón se dispuso a hacer otro tanto con los pies, que colgaban a ambos lados de la *stipes*.

El verdugo, ducho en este menester, a juzgar por la precisión de sus movimientos, se llevó uno de los clavos de media cuarta a la boca y allí lo retuvo, entre los dientes, mientras, con ambas manos, tiraba con fuerza hacia abajo del pie derecho de Dimas. Y forzándolo, ajustó la planta a la superficie del madero.

Con un sonido casi ininteligible y un brusco movimiento de cabeza, el soldado dio a entender a su compañero más inmediato que sujetara con fuerza aquel pie, tal y como él lo hacía.

Con aquella maniobra, la taba del tarso se hizo perfectamente visible bajo la piel. Y el romano —que tenía el pie del ajusticiado a la altura de sus ojos— situó el hierro sobre la clara referencia del astrágalo. Y descargo un mazazo.

El clavo entró oblicuamente: de delante para atrás y hacia abajo, clavándose con firmeza en la madera.

El intenso dolor sacó de su desmayo al salteador. Y, abriendo los ojos hasta casi desbordarlos de las cuencas, berreó con tal fuerza, que hasta la guardia que impedía el paso de la muchedumbre se volvió hacia el lugar del tormento.

Aquel alarido fue cediendo y debilitándose, y el ajusticiado comenzó a golpearse el cráneo contra la cruz, en un desesperado intento por terminar con aquel suplicio.

Al taladrar el segundo pie, el ladrón quedó sumido nuevamente en la inconsciencia.

Y todos se sintieron aliviados...

Aunque aquellas crucifixiones se repetían con frecuencia —en especial, desde que la familia Herodes llegara al poder—, tanto los oficiales como la generalidad de los legionarios romanos terminaban casi siempre por sentirse abrumados ante los gritos y las largas horas de agonía de cuantos colgaban de las cruces.

Con el segundo ladrón, los problemas se simplificaron.

Antes de que el condenado se percatara de lo inminente de su crucifixión y en previsión de nuevas violencias, el verdugo le asestó en la base del cráneo y por la espalda un seco golpe de maza. Aquello le desplomó y los romanos se sirvieron de la momentánea conmoción para fijar las muñecas al *patibulum*.

Jesús de Nazaret, siempre custodiado por uno de los legionarios, pudo ver cómo el judío era izado también hasta lo alto del tronco y allí, rematado con los clavos en los pies.

Cuando el último hierro aseguró el calcañar del ladrón a la *stipes*, el verdugo retrocedió un paso y —todavía con el martillo entre las manos— se preguntó si no se habría propasado en la violencia de su golpe sobre la cabeza del detenido...

Aquel hombre no terminaba de recobrar el sentido. Pero el soldado, encogiéndose de hombros, giró sobre sus talones y —sudoroso— se dirigió hacia el Nazareno, al tiempo que le señalaba, amenazante, con la herramienta.

Viernes, 11:55 horas
Algo falla: el clavo de la muñeca derecha
no entra...

Dos de los legionarios romanos sujetaron a Jesús por los antebrazos. Y de esta forma fue obligado a caminar hasta el pie del madero vertical.

A una orden del centurión —y ante la aparente docilidad del Galileo—, un tercer soldado envainó su espada y se dispuso a auxiliar al verdugo y compañero en la fijación del primer clavo.

Sin la menor resistencia, la guardia había tumbado al detenido, con las anchas y fornidas espaldas sobre el *patibulum*.

El Nazareno, tras sostener su cabeza en el aire durante breves segundos, la dejó caer sobre tierra. Y los espinos, en el choque, hicieron una nueva penetración en su cuero cabelludo. Los ojos se cerraron y los labios del Galileo temblaron levemente.

Mientras uno de los romanos aprisionaba firmemente su brazo derecho —extendido ya sobre el madero—, otro también rodilla en tierra, hizo lo propio con el izquierdo. Este último soldado —a una señal del verdugo, que había enterrado ya su rodilla izquierda bajo el esternón del condenado— atenazó con su mano derecha el final del antebrazo, a la altura del juego del codo, mientras la izquierda estiraba los dedos de Jesús, obligando a sostener la mano totalmente abierta.

Pronto se dieron cuenta los legionarios de que todas aquellas precauciones resultaban excesivas en el caso del llamado «rey de los judíos». Y se miraron con extrañeza...

Aquel hombre no había exteriorizado señal alguna de miedo o nerviosismo. Se dejaba hacer.

Con un martillazo tan certero como en las crucifixiones anteriores, el soldado, que bloqueaba el tórax de Jesús con su rodilla, introdujo el primer clavo en la parte interna de la muñeca izquierda.

Como había ocurrido en los dos casos precedentes, la cabeza del clavo se orientó hacia los dedos del Nazareno y la punta, dentro ya del madero, en dirección al codo.

Al traspasar los tejidos, el fortísimo dolor hizo levantar a Jesús la cabeza. Y un leve gemido se escapó hacia el rostro polvoriento y curtido del verdugo. Durante segundos, la guardia —en un silencio expectante— pudo observar las blancas y perfectamente alineadas filas de dientes del crucificado, al descubierto ahora en un rictus de dolor.

La sangre brotó al instante, aunque no tan abundantemente como en las perforaciones de los ladrones.

Y, muy lentamente, los ojos del Nazareno volvieron a empañarse de lágrimas, mientras su cabeza caía nuevamente sobre tierra.

Y todos pudieron escuchar estas palabras:

—¡Padre, perdónalos, porque no saben lo que hacen...!

Y las gentes que se agolpaban en la ladera inmediata al Gólgota rugieron. La caída de la maza sobre la primera muñeca del «profeta» les hizo removerse y clamar una vez más contra Jesús.

Algunos incluso tomaron piedras para arrojarlas contra el Nazareno. Pero la guardia —blandiendo sus lanzas— les obligó a deponer su actitud.

Y el verdugo, mecánicamente, extrajo un segundo clavo de la bolsa que colgaba de su correaje.

Y sin más ceremonias lo situó entre las venas azuladas de la muñeca derecha del reo.

Y precipitó su martillo sobre la cabeza del clavo...

El lamento de Jesús quedó esta vez diluido por una maldición del soldado.

El hierro —ante la sorpresa general— se había detenido a medio camino. Y sobresalía ampliamente por encima de la ensangrentada muñeca.

El verdugo no terminaba de entender y, con reno-

vada rabia, le propinó un nuevo golpe. Simultáneamente, un chorro de sangre salpicó al legionario que
sujetaba el brazo de Jesús de Nazaret. El soldado se
incorporó entre maldiciones.

Algo extraño —eso estaba claro para el verdugo—
cerraba el camino del afilado clavo.

Y, con un gesto de contrariedad, el encargado de
la crucifixión se dirigió hacia la impedimenta de la
escolta. Lo que buscaba debía encontrarse en el fondo del saco.

Y, efectivamente, se vio obligado a retirar primero
las gachas, galletas, legumbres y queso destinados
para la cena, a fin de alcanzar las tenazas.

Ante una situación como aquélla, lo mejor para
todos era desclavar la muñeca. Y el verdugo, parsi-
moniosamente, retornó hasta el emplazamiento de
las cruces.

El segundo ladrón había recobrado el conocimiento y se estremecía al sol, aullando de dolor. Sus
músculos sufrían continuos espasmos, y sus uñas y
labios se habían teñido de un azul mortecino.

Pero ninguno de los soldados parecía inmutarse
ante los agudos gritos del condenado. La atención de
los romanos la absorbía aquel gigantesco judío llamado Jesús, capaz de resistir el tormento sin despegar los labios.

Los dedos de la mano derecha de Jesús se habían
estirado, y así permanecían —sumamente rígidos—
cuando el verdugo puso su pie sobre ellos, aplastán-
dolos contra el *patibulum*.

Con el otro pie, el romano apretó el resto del
brazo, inclinándose sobre la herida. Y después de
atenazar la enmohecida cabeza del clavo, tiró hacia
arriba con ambas manos. No fue necesario un segundo intento. El hierro salió, y el ejecutor, tras exa-

minarlo, se arrodilló ante el brazo herido, levantándolo.

La hemorragia era ahora más intensa. Y el verdugo tuvo que limpiar el *patibulum* con la palma de su mano a fin de poder inspeccionar la superficie del madero y tratar de hallar la causa de aquel incidente.

Pronto se percató de la presencia de un rugoso y casi pétreo nudo que hacía impenetrable el *patibulum* por aquella zona.

Conocido el problema, el verdugo volvió a extender el antebrazo del Nazareno sobre el leño, evitando el contacto de la muñeca con el nudo. Y repitió el golpe. Esta vez, el hierro penetró hasta el tope. Y la cabeza del clavo sujetó con firmeza huesos y tendones.

El Galileo estaba listo para ser levantado hasta lo alto del palo vertical.

Y así se dispuso de inmediato.

Pero la considerable corpulencia de Jesús obligó a reforzar el número de legionarios que debía tirar de las cuerdas. Desde lo alto de la *stipes,* el centurión fue dirigiendo el ascenso, controlando sobre todo la horizontalidad del *patibulum*.

El Nazareno había logrado desconcertar a la totalidad de la guardia. De su garganta —al contrario de lo que ocurría con los salteadores crucificados a derecha e izquierda— apenas se habían escapado algunos lamentos. Y, sin embargo, el agarrotamiento de sus dedos y la posición en ángulo recto de sus pulgares eran un claro indicio del bárbaro castigo a que estaba siendo sometido.

El oficial necesitó de todas sus fuerzas para sustentar durante algunos segundos aquel pesado madero y el no menos grave cuerpo que pendía de los extremos.

Tembloroso, con las mandíbulas y las arterias del cuello en tensión, el centurión centró el hueco del *patibulum* sobre el vástago de la *stipes*, dejándolo caer de golpe.

Al encajar, el madero transversal quedó inmóvil, y el verdugo —que contemplaba la operación al pie de la cruz, dispuesto a fijar los pies— vio cómo los ochenta kilos del Nazareno eran violentamente frenados en su caída por los hierros que le atravesaban las muñecas.

Aquel latigazo de dolor hizo abrir los ojos de Jesús. Pero, aunque su boca quedó abierta y las pupilas fijas en el horizonte, nadie pudo escuchar el menor quejido. Su ojo derecho se había cerrado ya del todo a causa de los golpes, y ambos labios, violentamente abiertos, se oscurecían bajo las moscas.

Y, tras unos segundos de espera, el verdugo se sintió satisfecho de la primera parte de su trabajo. Y se aproximó a los pies del que estaba siendo ajusticiado.

Y tal y como hiciera con los anteriores crucificados, primero fue taladrado el pie derecho.

La presión ejercida por los soldados sobre el empeine, para aplanar la superficie plantar contra el madero, estiró hacia abajo la totalidad del lado derecho del Nazareno. Su hombro quedó ligeramente hundido, y las costillas se dibujaron bajo las llagas, tensas como ballestas.

Como era habitual en este tipo de crucifixión, no fue posible estirar totalmente la pierna izquierda. Y quedó ligeramente flexionada.

Dos anchos regueros de sangre cubrieron muy pronto el metro escaso de madero que separaba los pies del Galileo del boquete donde había sido enterrada la *stipes*.

Viernes, 12:30 horas
El supersticioso temor del procurador

Y sin que nadie pudiera comprenderlo, el azul transparente del cielo de Jerusalén se tornó oscuro. Y una súbita tiniebla lo llenó todo. Pero ninguno de los presentes —ni la guardia ni la multitud— acertaba a descubrir nubes de tormenta en el cielo...

Y los más tomaron aquella señal como presagio de grandes y próximos males. Buena parte de los que contemplaban las crucifixiones se alejaron temerosos del Gólgota, y las calles de la ciudad se vieron muy concurridas por hombres y mujeres que comentaban el hecho con espanto. Y muchas casas encendieron los candiles y lámparas de aceite antes de lo acostumbrado.

El suceso llamó poderosamente la atención del procurador Poncio Pilato, quien, en aquellos momentos de la hora sexta, despachaba de nuevo con los sumos sacerdotes de los judíos. Éstos, con manifiesta indignación, habían llegado hasta el pretorio para protestar ante Pilato por la tablilla de madera que el centurión acababa de clavetear en la parte central del *patibulum*, a escasa distancia por encima de la cabeza del Nazareno.

Uno de los escribas del procurador había grabado —de derecha a izquierda— y en hebreo, latín y griego, la siguiente inscripción en dicha tablilla:

«Jesús, el Nazareno. El Rey de los Judíos.»

Pero el romano —más pendiente de la alarmante oscuridad que cubría Jerusalén y alrededores que de las declaraciones de los judíos— los despidió con frialdad, dándoles por toda respuesta:

—Lo que he escrito, lo he escrito.

Y el procurador, profundamente supersticioso,

mandó llamar a la fortaleza a los astrónomos y doctores de la ciudad, que en aquellas fechas se congregaban para la Pascua, y les pidió que le explicaran aquel fenómeno tan singular.

Pero ninguno supo darle una razón convincente. Sólo algunos —más audaces que el resto— le insinuaron la posibilidad de que «aquella tiniebla antes del ocaso fuera la señal de un importante suceso...».

Y Poncio Pilato dirigió su mirada hacia el montículo que los judíos llamaban Gólgota y que apenas si era ya perceptible desde los arcos del palacio. Y, sin poder remediarlo, el romano asoció aquella insólita oscuridad con el hombre que había enviado a la muerte y que todos conocían como Jesús.

Pero estos pensamientos quedaron en el fondo del corazón de Poncio Pilato y nadie supo jamás de su presentimiento...

Informe de los expertos
«No hubo eclipse de Sol»

Para los astrónomos no cabe la menor duda de que en las citadas horas —mientras Jesús de Nazaret permanecía en la cruz— no tuvo lugar eclipse alguno de Sol. Esta posibilidad ha quedado total y absolutamente descartada.

Veamos lo que me dijo el eminente astrofísico, el jesuita Antonio Romañá, director del Observatorio Astronómico del Ebro, cuando le consulté sobre esta teoría:

«... Es absolutamente cierto que en el momento de la muerte de Nuestro Señor no se produjo ningún eclipse de Sol, ni total ni parcial, pues para que pueda ocurrir dicho fenómeno, la Luna tiene que estar en novilunio, y el 14 de Nisán, es decir, el día de la Pascua de los judíos, coincidía con el plenilunio (luna llena); esto es, la posición de la Luna totalmente opuesta. Esto no ofrece ninguna duda.»

¿Qué pudo ser entonces aquel oscurecimiento temporal de la Ciudad Santa y de sus alrededores? Porque, aunque los evangelistas hacen alusión a que las «tinieblas cubrieron la tierra», es de suponer que dicho oscurecimiento afectara únicamente al lugar donde se estaba desarrollando la crucifixión del Nazareno. De lo contrario, hubieran quedado otros testimonios históricos y astronómicos en tal sentido en numerosas ciudades... Y no ha sido así.

Viernes, 13 horas
Dados de marfil

Antes de guardar los clavos y demás herramientas utilizadas en el suplicio, el verdugo inspeccionó, uno por uno, a los tres crucificados.

A pesar de las convulsiones, los clavos seguían firmes en su sitio.

«Esta oscuridad —pensó el legionario— nos aliviará del rigor de las últimas horas de sol...»

Y, finalmente, se plantó ante el Galileo. La respetable talla del judío y su considerable peso le hacían temer por la estabilidad de la cruz.

Las heridas de la muñeca derecha —aunque más descarnadas y aparatosas que las de la izquierda— no hacían temer un desgarro inminente. El clavo, a pesar de haber sido extraído y vuelto a introducir entre los huesecillos del carpo, se presentaba ante los ojos del verdugo sólidamente fijado al madero.

Como siempre, una nube de moscas e insectos

zumbaba y se agolpaba sobre las llagas y coágulos de sangre, sometiendo a los ajusticiados a una nueva y constante tortura...

Fue entonces —una vez concluida la crucifixión del Nazareno— cuando el centurión autorizó a sus soldados para que se repartieran las pertenencias y ropas de los condenados, tal y como era la costumbre.

Si pobre y menguada era la ropa de los salteadores —hasta el extremo que los legionarios rechazaron aquellos harapos—, la del Nazareno, en cambio, despertó la codicia de todos.

Y tuvo que ser el propio oficial quien hiciera los lotes: las sandalias, para uno, y el largo y ligero manto de algodón, a repartir entre el resto de la guardia que había trabajado en las crucifixiones.

Cuando le llegó el turno a la túnica, el verdugo hizo notar la calidad de la misma. Aquella prenda era en verdad espléndida. Sin costuras y tejida con mimo en una sola pieza, de arriba abajo.

—No la rompamos —dijeron—. Echemos a suertes a ver a quién le toca...

Y así fue. Y los inseparables dados de marfil de los legionarios señalaron al ganador.

Pasadas las primeras horas de histeria y nerviosismo por parte de la turba que había pedido la muerte del Nazareno, el centurión ordenó a los infantes que habían guardado la ladera del Gólgota su retorno a la torre Antonia. Y junto a las tres cruces permanecieron tan sólo cuatro legionarios y el propio oficial. El verdugo, por su parte, también descendió hacia las altas murallas de Jerusalén, que, a consecuencia de la inesperada oscuridad, empezaban a ser iluminadas con antorchas desde las torres de vigilancia.

Algunos grupos de fariseos y curiosos siguieron, no obstante, injuriando y ultrajando al Nazareno. Y se burlaban de él, gritando desde la falda de la peña del Cráneo:

—¡A otros salvó...! ¡Que se salve a sí mismo si él es el Cristo de Dios, el Elegido!

Pero conforme se acercaba la hora del descanso del sábado, las gentes se fueron retirando y los escarnios concluyeron.

Y mientras los soldados se sentaban en torno a los crucificados, en espera del relevo, uno de los malhechores que había sido colgado junto a Jesús de Nazaret arremetió contra él, diciéndole:

—¿No eres tú el Cristo...? ¡Pues sálvate a ti y a nosotros...!

Pero el Nazareno seguía con los ojos entornados, acusando ya los primeros embates de la incipiente asfixia. Su rostro, como el de los ladrones, presentaba una tonalidad rojiza. Y el sudor hacía más brillantes los coágulos. Cada bocanada de aire era conquistada después de empinarse sobre los clavos de los pies. Y aquel dolor lacerante recorría las extremidades y vientre de los crucificados, convirtiendo sus músculos y nervios en paquetes de hierro que ya difícilmente podían ser distendidos.

Y el escaso oxígeno que llegaba a sus pulmones se veía quemado antes de tiempo por los alaridos de los infelices. Más de una vez, los legionarios comentaron con el centurión la singular resistencia de aquel judío de Nazaret —el «rey»—, que aún no había abierto los labios para proferir un solo grito.

Y fue Dimas quien reprochó sus palabras al ladrón que insultaba a Jesús:

—¿Es que no temes a Dios, tú que sufres la misma condena...? Y nosotros con razón, porque nos lo hemos merecido... En cambio, éste nada malo ha hecho...

Y, dirigiéndose al Nazareno, le rogó entre gemidos:

—¡Jesús..., acuérdate de mí cuando vengas con tu Reino!

Con las venas turgentes por el galopante bombeo del corazón, Jesús de Nazaret levantó la cabeza y le respondió a Dimas:

—Yo te aseguro: hoy estarás conmigo en el Paraíso.

Viernes, 14:30 horas
Un denario por acercarse a Jesús

El vinagre con mirra había empezado a hacer efecto. Y los salteadores que habían sido crucificados a ambos lados de Jesús y que bebieron de él cayeron en un profundo sopor.

Sus esfínteres, paralizados, habían dejado escapar la orina y las heces, y el olor en torno a los tres hombres resultaba ya insoportable.

A pesar de la caída de su tensión arterial y de la angustiosa falta de oxígeno en sus pulmones, Jesús de Nazaret daba todavía tal sensación de fortaleza, que el centurión, en previsión de una posible orden de su procurador para acelerar la muerte del judío, ordenó a dos de sus soldados que recogieran la suficiente leña como para provocar al pie de la cruz una humareda que terminara por asfixiar al condenado.

Y así lo cumplieron los legionarios.

Y en esta misión estaban cuando se aproximaron a ellos dos mujeres. Una, María Magdalena, era sobradamente conocida y popular entre la tropa romana por su antigua profesión de mujer pública. Y María Magdalena, más decidida que la otra, puso en las manos de los soldados un denario de plata y les rogó hablaran con su oficial, a fin de que éste permitiera a la madre de Jesús de Nazaret y a un reducido grupo de familiares avanzar hasta el pie de la cruz. Y tanto insistió María, la de Magdalena, que los romanos, tras guardarse la moneda, accedieron a presentar la petición a su superior.

Y más por curiosidad y divertimento que por compasión, el centurión dio su autorización, y un escaso núcleo de mujeres —entre las que destacaba un muchacho llamado Juan— caminó presuroso hasta llegar a lo alto de la peña. Y algunas de las mujeres, tales como la hermana de la madre del Nazareno, María, mujer de Cleofás y la propia Magdalena, hincaron sus rodillas en la ensangrentada explanada y, ocultando sus rostros entre las manos, lloraron amarga y silenciosamente.

Sólo María, la madre del Galileo, permanecía en pie. Y junto a ella, confortándola entre sus brazos, Juan.

El centurión, a corta distancia, observó el rostro de aquella judía. Y aunque nadie se lo había anunciado, supo desde el primer instante que se trataba de la madre del crucificado. A pesar de sus escasos cincuenta años, los rasgos del rostro conservaban todavía una primitiva belleza que —pensó— la habría distinguido, sin duda, del resto de las mujeres de su comunidad.

Los razonamientos del oficial quedaron súbitamente cortados al escuchar las palabras del Nazareno. Éste, a pesar de la progresiva pérdida de visión, había fijado sus dilatadas pupilas en la figura de su madre y del muchacho que le acompañaba. Y tratando de controlar los cada vez más frecuentes calambres y accesos convulsivos, les dijo entre largas y atormentada pausas:

—¡Mujer...! ¡Ahí... tienes... a tu hijo...! ¡Ahí... tienes... a... tu madre...!

Las cejas, barba, fosas nasales y cabellos del Galileo se habían cubierto de polvo con el paso de las horas. El sudor era tan intenso, que bañaba por completo el desnudo cuerpo del moribundo, reflejando desde su diafragma en movimiento la luz rojiza de las antorchas que la guardia había plantado en derredor.

El centurión trató de descubrir alguna lágrima en las mejillas de la madre del Nazareno. Pero el rostro de la mujer aparecía sereno. Como absorto. Y el romano llegó a pensar que aquella hebrea —de alguna forma— sabía desde hacía tiempo que Jesús terminaría así, asfixiándose y desangrado frente a la ciudad santa.

A juzgar por el leve aleteo de su barbilla y de los pálidos labios, el centurión dedujo lo profundo de su aflicción. Y sintiendo admiración por la entereza de aquel espíritu, ordenó a los soldados que no les molestasen.

Viernes, 14:50 horas
Hora nona: vuelve la claridad

El centurión aguzó su oído. Y ordenó silencio a sus hombres y a las mujeres que seguían al pie del crucificado, gimiendo.

La guardia, instintivamente, llevó sus manos a las empuñaduras de las espadas y trató igualmente de localizar a un posible enemigo o intruso. Pero ninguno de ellos pudo descubrirlo. Las cortas laderas del Gólgota seguían tranquilas.

Fue el oficial —una vez seguro de ello— quien señaló a los legionarios el desacostumbrado silencio que, de pronto, había caído sobre la peña e incluso sobre la tumultuosa Jerusalén.

Y los soldados, tras unos segundos de escucha, así lo ratificaron.

Las lechuzas que anidaban en el monte Sión y en las defensas próximas al palacio de Anás habían guardado un silencio total. Y lo mismo ocurría con los cientos de aves que llegaban cada atardecer hasta las riberas del Cedrón. Y otro tanto con las miríadas de insectos de los campos vecinos a la ciudad...

Y fue muy cerca de la hora nona[1] cuando el Nazareno, haciendo un titánico esfuerzo sobre sus pies, con el pecho a punto de estallar y los labios abiertos por la sed, clamó con gran voz:

—*Elí, Elí...! Lama sabactani?*[2]

Y, dicho esto, el Galileo cayó en un nuevo ataque convulsivo. Y decenas de moscas se despegaron momentáneamente de sus heridas, para posarse casi al momento sobre las úlceras y regueros de sangre reseca.

Los soldados se miraron entre sí y comentaron con sorna:

—Ahora llama a Elías...

Y Jesús volvió a hablar:

—¡Tengo sed!

Uno de los legionarios se acercó entonces a la vasija que contenía la preciada *posca* y sumergió una esponja en la mezcla de vinagre y agua. Y, colocándola en la punta de una rama de hisopo, se dirigió hacia Jesús. Pero otros soldados trataron de disuadirle, diciéndole:

[1] Hora nona: hacia las tres de la tarde.
[2] «¡Dios mío, Dios mío!, ¿por qué me has abandonado?»

—¡Deja...! Vamos a ver si viene Elías a salvarle.

Sin embargo, el legionario aproximó la esponja hasta los labios del Nazareno. Y éste tomó de la esponja.

Inmediatamente, el vientre del crucificado palpitó con fuerza, y una más intensa sofocación se apreció en su rostro.

Y, con fuerte voz, volvió a decir:

—¡Todo está cumplido!

Y los presentes observaron cómo el gigante inclinaba su cabeza de golpe. Y todo su cuerpo quedó como muerto...

Y en aquel instante —la hora nona—, las tinieblas que cubrían el lugar fueron disipándose. Y las antorchas fueron apagadas. Y los campos recobraron sus sonidos, y las aves volaron nuevamente sobre la Puerta Dorada y sobre los huertos.

Y mientras los cielos se abrían y dejaban pasar la luz del atardecer, la tierra se estremeció bajo los pies de los soldados y de las mujeres y de los que pasaban camino de la ciudad.

La peña del Gólgota se abrió, y poco faltó para que se desplomara una de las cruces.

Las mujeres retrocedieron asustadas, y el centurión —moviendo la cabeza afirmativamente— comento casi para sí:

«...Verdaderamente, este hombre era justo.»

Informe de los expertos
«Hubo que desclavarlo»

Cuando, investigando en la vida de Jesús, conocí la costumbre de algunas mujeres notables y piadosas de Jerusalén de proporcionar una bebida —mitad anestésica, mitad embriagante— a los condenados, no pude reprimir un sentimiento de admiración hacia aquel galileo llamado Jesús.

¿Qué ser humano, consciente del horroroso suplicio que le aguarda, no hubiera hecho lo mismo que los ladrones? ¿Quién se habría resistido a apurar hasta los posos aquel brebaje?

El Nazareno —eso está claro— tenía que saber de la acción indulgente de aquel vinagre o vino con hiel o mirra.[1]

Pero pasemos a los últimos hallazgos de los expertos y científicos de la NASA en relación con estas últimas horas de la crucifixión del hombre que fue envuelto en el lienzo de Turín.

Y lo primero que les llamó la atención fue la huella de la muñeca izquierda...

El veredicto pericial fue definitivo:

«La disposición de las manchas inequívocamente afirma, y confirma, que el hombre que dejó su impronta en la Sábana fue crucificado y no por las palmas de las manos, sino por sus muñecas...»

El hecho —desde el punto de vista médico— resulta totalmente lógico.

«Un clavo que atravesara la palma —asegura el conocido doctor Cordiglia— no habría podido sostener, colgado de él, un cuerpo de un peso de unos 80 kilos (el estimado para Jesús). Es decir, con una fuerza de tracción de 95 kilos en cada brazo.»

Para el eminente cirujano Barbet —que ha ensayado más de una docena de transfixiones o perforaciones de las muñecas de brazos recién amputados—, esta circunstancia se presenta igualmente clara:

---

[1] Los expertos parecen más inclinados a pensar que el brebaje lo formaban fundamentalmente la hiel y el vinagre.

Si se coloca un clavo de un centímetro cuadrado de sección contra la pared interna de la muñeca, basta un martillazo para atravesarla. El hierro resbala sin resistencia, alterando ligeramente su dirección. La punta va hacia el codo y la cabeza queda orientada hacia los dedos. Y la punta emerge, atravesando la piel.

Este ensayo dio siempre los mismos resultados. Y gracias a ese espontáneo torcerse del clavo, se pudo evitar la fractura del huesecillo del carpo llamado «semilunar». Las radiografías tomadas por el doctor Barbet revelaron que el clavo entraba siempre en el espacio denominado *punto de Destot*.

Y como yo, otros muchos se percataron también de algo anormal: en el lienzo de Turín no hay forma de encontrar las huellas de los dedos pulgares del cadáver...

Un pensamiento común nos asaltó a todos: ¿Es que le habían amputado estos dedos?

No podía ser...

La explicación llegó —como siempre— de la mano de la Ciencia.

En efecto, el pulgar no es visible en la Sábana. Lo que ocurrió es que, apenas el hierro atravesó las primeras capas blandas de la muñeca, el pulgar se dobló, saltando hasta colocarse atravesado en dirección opuesta a la de los cuatro dedos, que sólo se habían doblado ligeramente.

Y, llegado a este punto, el informe del cirujano se hace estremecedor:

«Los nervios medianos —sumamente sensibles— fueron alcanzados aquí por el clavo. Y resultaron lacerados y estirados por los hierros, quedando tensos como cuerdas de violín...

»Esto tuvo que provocar en el torturado un dolor de paroxismo.»

102

Según los médicos, este suplicio desencadenaría en la casi totalidad de los mortales una pérdida del conocimiento. La Naturaleza, en realidad, se «desentiende». He aquí otro punto realmente a considerar en el comportamiento de Jesús de Nazaret, si tenemos en cuenta que no existe constancia de que perdiera el sentido en ningún instante.

Pero hay más.

La herida en la muñeca izquierda es la mejor definida. Tiene forma oval y mide 15 × 19 milímetros. Sus bordes son netos, y dos reguerillos de sangre brotan oblicuamente de ella.

Esa sangre caía perpendicularmente hacia el suelo cuando los brazos estaban clavados en la cruz.

Y los técnicos han hecho los siguientes cálculos matemáticos:

«El ángulo que formaban dichos reguerillos con el eje del brazo —25 grados— nos permite deducir, a su vez, el que componían el brazo del crucificado con el palo vertical de la cruz o *stipes*: 65 grados.»

Y detrás de esta sencilla operación geométrica se esconde otra dramática verdad...

Una vez clavadas las muñecas en el *patibulum* o madero transversal, éste fue izado hasta encajarlo sobre el vástago del madero vertical. Esta «operación», sin duda, provocó la caída del peso del crucificado hasta que fue frenado por los hierros que atravesaban sus muñecas...

El dolor —según los médicos— tuvo que ser insoportable.

Y remachan los matemáticos:

«El frenazo dejó tenso el brazo, a un ángulo de 65 grados, con el palo vertical. Si repartimos el peso del cuerpo entre ambos brazos —40 kilos cada uno—, la fuerza de tracción ejercida sobre el brazo equivale a:

»40/ cos. 65 = 40 : 0,4226 = unos 95 kg.»

Según los médicos, las hemorragias en la perforación de la muñeca izquierda no debieron de ser muy copiosas. El mismo clavo, posiblemente, produciría la hemóstasis o estancamiento de la sangre, quedando bloqueada la herida.

Pero si la sangre no manaba en abundancia, los dolores tenían que ser terribles...

Pero los especialistas y peritos legales que analizaron la Sábana depositada en Turín quedaron sobrecogidos cuando llegaron a las huellas de los dedos de la mano derecha.

¿Qué había ocurrido allí? ¿Por qué presentaban ese excesivo alargamiento?

La conclusión provoca escalofríos:

«La mano derecha —observa Cordiglia— fue más torturada, a juzgar por las zonas que fueron forzadas a adherirse al *patibulum* con maniobras violentas...

»Mientras la muñeca izquierda quedó clavada con rapidez y precisión, no parece que sucediera igual con la mano derecha, puesto que el clavo no penetró al primer martillazo, sino que debió ser extraído y vuelto a clavar —quizá varias veces— antes de alcanzar el madero.»

La posible razón de este «incidente» con el clavo de la muñeca derecha habría que buscarla en alguna deficiencia en la punta del hierro, e incluso en la zona del madero situada inmediatamente debajo de la referida muñeca de Jesús.

De lo que no creo que se deba dudar es de la pericia del verdugo, acostumbrado, sin duda, a cientos de ejecuciones similares...

Y no quiero pasar a las siguientes y desconcertantes investigaciones de los científicos, sin comentar un hecho que, de pronto, se ha presentado ante mí.

Si es una realidad —científicamente comprobada— que al hombre que enterraron envuelto en la Sábana de Turín le clavaron por las muñecas, ¿cómo entender entonces las llagas de los santos, iluminados y demás estigmatizados..., «en las palmas de sus manos»?

Aquí falla algo...

Si verdaderamente fueran «señales sobrenaturales», como se ha dicho siempre, esos estigmas se presentarían en los lugares exactos donde se registraron. Pero jamás se ha tenido noticia de un solo estigmatizado que mostrara las heridas de las manos en el carpo...

Era lógico, puesto que nadie —hasta ahora— había encontrado una prueba tan decisiva. Por otra parte —y ahí tenemos la tradición pictórica mundial que se ha encargado de recordárnoslo—, siempre se ha hablado de «clavos que atravesaban las manos».

Y la afirmación no es incorrecta. Hoy, en Anatomía, la «mano» se considera formada por tres partes: el carpo o muñeca; metacarpo o «mano» propiamente dicha y dedos.

Sin embargo, esta «sutileza» ha estado jugando una «mala pasada» a los que se consideraban «iluminados»...

Sin embargo —seguía preguntándome—, lo cierto es que esas llagas de los estigmatizados son auténticas. La sangre mana de ellas, y lo más desconcertante —al menos para los legos en la materia— es que aparecen sin causa aparente.

Cuando consulté a los parapsicólogos y psiquiatras, la respuesta fue siempre la misma:

«El poder de la mente de esas personas, bajo el influjo de una crisis de misticismo, por ejemplo, puede alcanzar tales cotas, que "transmite" a las células de las palmas de las manos las órdenes oportunas como para deteriorar y abrir las heridas que todos conocemos...»

Este fenómeno —absolutamente explicable dentro del campo paranormal— no podía ser comprensible ni clarificado en épocas anteriores a la nuestra. De ahí la confusión y las falsas interpretaciones...

Los que hemos conocido y experimentado con las ondas cerebrales «alfa», sabemos que estas «órdenes» de la mente —la mayor parte de las veces involuntarias— son reales.

Si los santos y estigmatizados en general hubieran sabido de los lugares exactos donde ubicar las heridas de las manos de Jesús, posiblemente sus llagas habrían hecho acto de presencia en las muñecas y no en el centro de las palmas.

Y, volviendo a la tradición pictórica, ¿cómo entender que un solo maestro universal —Van Dyck— plasmara la crucifixión con los clavos en los puntos precisos?[1]

La única explicación posible está en el hecho de que Van Dyck quizá llegó a ver la Sábana con motivo de su viaje a Génova y reparó en el gran «detalle» de la mancha de sangre...

Donde no se da una confluencia de criterios —al menos de momento— es en los clavos de los pies.

Mientras algunos médicos y especialistas afirman que al hombre de la Sábana de Turín le perforaron ambos pies con un solo hierro, otros —los más— se inclinan a pensar que el verdugo se valió de dos clavos: uno para cada pie.

Un ligero vistazo a la impronta de los pies por su

[1] El cuadro de Van Dyck se exhibe en el Palacio Real de Génova

106

lado dorsal no sólo nos hace ver inmediatamente que tanto el pie como la pierna izquierdos quedaron menos grabados en el lienzo, sino que se tiene la impresión de que la pierna izquierda aparece más corta que la derecha.

Y, como era de esperar, tanto observadores como estudiosos empezaron a preguntarse —al principio con timidez— si Jesús de Nazaret había sido cojo.

Para colmo, ahí estaban las iconografías rusas y bizantinas, con una especie de tramo oblicuo en la parte inferior de sus cruces.

Todo un «detalle» que puede contemplarse hoy sobre las torres del Kremlin y que la tradición asocia con la anomalía que presentaba la parte dorsal de Jesús en la Sábana. Esta tradición pudo nacer cuando los fieles —hace siglos— empezaron a venerar cada viernes en Constantinopla la mencionada reliquia.

Para aquellas gentes sin excesivos conocimientos médicos era evidente que el Señor tenía una pierna más corta que la otra...

Sin embargo, la Ciencia demuestra hoy algo muy diferente.

Tanto los doctores Barbet como Ricci han llegado a la conclusión de que ambos pies fueron fijados al madero por un solo clavo. La rodilla izquierda habría quedado entonces doblada sobre la derecha, y, al sobrevenir la rigidez cadavérica, los músculos de la izquierda retuvieron la posición mantenida en la cruz.

La explicación —al margen de la teoría sobre un solo hierro— convence a unos y a otros.

Pero, como digo, la crucifixión con uno o dos clavos sigue en el alero...

Para Cordiglia, «el muslo izquierdo y su rodilla se desplazaron hacia arriba y hacia delante con respecto al lado derecho, de modo que aparece la pierna izquierda más corta que la derecha».

El citado doctor Judica Cordiglia opina que, una vez estirada e inmovilizada la pierna derecha por el clavo en el pie, no le fue posible ya a los verdugos enclavar paralela y a la par la pierna izquierda. Por tanto, la rodilla izquierda quedó arqueada, y así permanecería más tarde, cuando le sobrevino la muerte.

Pero los descubrimientos no cesan en esta fascinante exploración de la Ciencia ultramoderna sobre el lienzo de Turín.

Parece ser que el evidente hundimiento del hombro derecho de Jesús —perfectamente claro en las huellas— pudo deberse «a una deformación profesional, derivada del trabajo ejercido por el Galileo como carpintero...».

Y a uno se le ocurre que la observación puede ser tan verosímil como perspicaz.

Si aquel corpulento Nazareno trabajó entre veinte y veintitrés años como carpintero, el peso de los troncos y maderos pudo provocarle ese ligero hundimiento del citado hombro derecho.

No obstante, y por aquello de no perder la «compostura científica», mantengamos todavía, como posible y primera causa de dicho «abajamiento», el fuerte tirón que el verdugo propinó a la totalidad de la pierna derecha del Nazareno cuando se disponía a clavar este pie en la *stipes*. Esta maniobra —según los médicos y forenses— causó ese hundimiento del hombro y de todo el lado derecho del cuerpo del crucificado.

Supongo que es inevitable.

Barajando esta galaxia de datos, informes y tecnicismos sobre la anatomía y torturas del hombre de la Sábana, uno termina por hacerse la misma pregunta:

¿Cuál fue la causa final que segó la vida de Jesús de Nazaret?

¿De qué murió realmente?

Según los especialistas a quienes he consultado, el Nazareno falleció como consecuencia de un «complejo encadenamiento de causas».

Quizá todas ellas puedan resumirse como lo han hecho los médicos de Colonia:

En una persona colgada por ambas muñecas, la sangre se acumula muy rápidamente en la mitad inferior del cuerpo. Al cabo de seis a doce minutos, la presión arterial cae a la mitad, y el número de pulsaciones aumenta al doble. La sangre llega al corazón en cantidad insuficiente.

La consecuencia es la pérdida del conocimiento. A falta de una suficiente irrigación del cerebro y del corazón, el reo se enfrenta pronto con un «colapso ortostático».

Por tanto, la muerte por crucifixión —concluyen los especialistas de Colonia— es debida a un colapso cardíaco.

Sin embargo, la realidad es siempre más compleja. Y yo me atrevería a afirmar que, en el caso del Nazareno, con más justificación. No podemos olvidar que Jesús de Nazaret perdió un considerable volumen de sangre durante la larga flagelación...

Este tipo de muerte estaba concebido para que el condenado permaneciera vivo durante dos, tres y hasta más días en lo alto de la cruz. Sorprendentemente, Jesús sucumbió en unas tres horas. ¿Qué había sucedido?

Parece ser que el primer impacto de una crucifixión es un dolor vertical —si se me permite la expresión—, de extremidad a extremidad del cuerpo.

El condenado se veía absolutamente inmóvil y desconcertado por un terremoto de dolores.

Y al poco llegaban los primeros aldabazos de la

asfixia. La respiración se hacía entrecortada. Difícil. Había que conquistar cada hilito de aire...

Y para ello, el reo tiene que arquear el diafragma, expeliendo el aire viciado que llena sus pulmones. Pero esa operación constituye una nueva agonía... Cada bocanada debe ser absorbida, apoyándose en los clavos de los pies. Y así, incorporar el cuerpo —aunque sólo sea unos milímetros— y expulsar ese aire estancado. Pero ese mínimo ejercicio repercute en las muñecas clavadas, y la respiración resulta así un carrusel de angustias y durísimas laceraciones.

Y el corazón desfallece. Su trabajo de bombeo se triplica. Las venas y vasos más sutiles se encharcan. La sangre no circula bien. El oxígeno tampoco llega a los tejidos, y los músculos sufren contracciones espasmódicas y tetánicas.

Una peligrosa intoxicación general empieza a avanzar por el organismo del crucificado.

El cerebro y las meninges se «hartan» de sangre venosa, de bajo índice de oxígeno. Y estalla un implacable dolor de cabeza.

Las uñas azuladas y el cuello hinchado son nuevas señales de alerta: se acerca una catástrofe cardíaca y pulmonar.

Y la vista falla. La falta de oxígeno en la retina va oscureciendo la visión, y el condenado aumenta su grado de confusión. Las figuras que se mueven en su entorno se hacen imprecisas. Y muchos creen que la noche se ha echado encima...

Algunos médicos opinan, incluso, que quizá en el fondo de los ojos de Jesús se habría empezado a formar un edema papilar —una hinchazón de los nervios ópticos—, también debido a la hipertensión intracraneal, originada por el estancamiento de la sangre en el cráneo o por los trastornos de ventilación, que repercuten en la circulación venosa cerebral y aumentan la viscosidad de la sangre mediante la «policitemia», o aumento del volumen de glóbulos rojos.

Y aparecen el sudor y el progresivo sofocamiento. Y una sed irrefrenable que acartona la lengua y los labios.

Después, calambres y accesos convulsivos paroxísticos casi ininterrumpidos.

La prolongada suspensión en la cruz, como señalaba anteriormente, origina en los condenados una disminución del tono o energía en las paredes abdominales. La sangre se remansa en los órganos viscerales, y la consiguiente falta de oxígeno castiga y daña los tejidos. Éste es, en definitiva, el «colapso ortostático».

Pero esta comprometida situación —coinciden los médicos— conduce generalmente a una inhibición de la naturaleza, y el reo pierde el sentido. Esto no ocurrió con el Nazareno. Al menos no tenemos constancia de ello...

Es posible —como señalan otros destacados galenos— que Jesús terminara por perder el conocimiento cuando los evangelistas afirman que «dio un gran grito expirando».

En ese caso, la falta de sentido iba a desembocar también en la muerte. Poco importa, pues.

Como vemos, no se puede subrayar —por ahora, claro— la razón última que aceleró el fatal desenlace. ¿Fue la insuficiencia respiratoria? ¿La caída de la tensión? ¿El paro cardíaco?

Quizá, como apuntan los más prudentes, una mezcla de todas...

La lanzada —como veremos más adelante— nada tuvo que ver con la defunción de Jesús. Según los estudiosos de la Sábana, para entonces, el Nazareno ya estaba muerto.

Y no quiero cerrar este «informe técnico» sin reseñar un punto original —al menos para mí—, que ha sido estudiado también por otros médicos.

Afirman que el vinagre con agua, proporcionados al Galileo cuando éste se hallaba en plena agonía, es probable que precipitara su muerte. Causa: un síncope de deglución.

Según esta hipótesis, en el Oriente existe la creencia de que los crucificados y empalados pueden fallecer de repente si beben un líquido y, especialmente, si se trata de vinagre.

Binet, por ejemplo, le da a esto gran importancia. Y asegura que la repentina muerte de Jesús fue provocada por la ingestión de la *posca*.

E ilustra la observación con algunos ejemplos que yo, personalmente, no he podido constatar.

El asesino del general Kleber —afirma Binet—, Soleyman el-Halebi, fue condenado a morir empalado. Durante el suplicio pidió en vano a los verdugos egipcios que le dieran de beber. Éstos respondieron que al tragar un líquido cesarían en el acto los latidos de su corazón.

Cuando los egipcios se retiraron, cuatro horas después de haberse iniciado el tormento, dejaron a Soleyman al cuidado de soldados franceses. Y ante sus reiteradas peticiones de aplacar su sed, uno de los guardianes —posiblemente más misericordioso— le dio un vaso de agua. Al poco de mojar los labios, expiró lanzando un gran grito...

Esta muerte —afirman algunos médicos— se podría atribuir a un reflejo producido por el contacto del líquido con el peritoneo[1] perforado por la estaca.

[1] Membrana serosa que cubre la superficie interior del vientre.

No obstante, Binet sigue firme en su primera idea: efecto mortal a causa de un síncope de deglución, o digestivo.

Si esto fuera así, cabe preguntarse por qué aquel soldado romano acercó la vara de hisopo con la esponja en su punta hasta los labios del Galileo. ¿Conocía los fulminantes efectos del vinagre?

Personalmente me inclino a pensar en algo mucho más sencillo: sin duda, el legionario trató de aplacar la sed del reo. Y el hecho de que poco después le sorprendiera la muerte o pérdida de conocimiento a Jesús de Nazaret, poco o nada tuvo que ver con esa insólita teoría del «síncope de origen digestivo». Entre otras razones, porque al Nazareno lo estaban crucificando y no empalando...

Pero pasemos a la última parte de nuestra personal «reconstrucción» de la pasión y muerte de Jesús.

¿Cómo pudo ser en verdad el descendimiento de la cruz? Esto fue lo que «vimos» en una nueva «proyección mental» al Gólgota:

Viernes, 16 horas
Lino de los oasis de Palmira

El procurador Poncio Pilato pidió dos vasos y abundante vino. Había sido un día en verdad agotador para el romano...

Pero José, el de Arimatea, se excusó con una sonrisa. Él no deseaba vino. Todo su interés estaba puesto en algo más difícil, al menos a primera vista. José, el de Arimatea, aguardaba solamente una respuesta:

¿Le era permitido por el procurador descender de la cruz el cuerpo de su maestro, Jesús de Nazaret?

Y así, directamente, se lo había planteado al romano.

Y quizá aquella claridad y valentía por parte del judío —amén del conocimiento de su considerable fortuna— inclinaron a Poncio Pilato en favor de José.

Pero el romano, que todavía conservaba en su cerebro la imagen insólita del Galileo y sus no menos extrañas palabras, había empezado a sentir curiosidad por la vida de aquel hombre que no había opuesto la menor resistencia a morir y que —para colmo— había sido crucificado entre tinieblas y terremotos...

Pilato trataba de retener a José. Y mientras escanciaba una más que cumplida copa de aquel generoso y pálido vino recién llegado de la añorada Roma, le preguntó:

—Pero dime, ¿cómo tú, hombre rico, culto y miembro del Consejo, te consideras discípulo de ese Jesús, el Nazareno, a quien los sumos sacerdotes han calificado de impostor y blasfemo?

José de Arimatea tuvo que ocultar su odio hacia aquel romano que acababa de ejecutar al maestro. Y, tratando únicamente de no empeorar las cosas, le respondió:

—Procurador Poncio... Ese hombre a quien tú has enviado a la cruz ha sido víctima de las envidias y de la incomprensión...

—¿Incomprensión...? ¿Cómo entender a un hombre que se proclama rey y asegura que su reino no es de este mundo...? ¿Tú lo comprendes?

Pilato se sentía complacido ante la sosegada mirada del judío.

—Muy pocos han sabido interpretar las palabras del maestro. Él nos habló del Espíritu y no de las armas o de las conquistas.

—Entonces, ¿dónde crees tú, José, que está el reino de tu maestro?

—Tal y como Él dijo, en el alma de cada uno de nosotros...

»Y ahora, procurador, si me lo permites... El día de la Preparación está llegando a su fin, y mañana, sábado, es un día solemne... No conviene que esos cuerpos queden expuestos en el Gólgota. ¿Tengo tu permiso para desclavar a Jesús?

Poncio Pilato apuró el vino. Y puesto que, en efecto, el sol apuntaba ya hacia el ocaso tras las murallas de la lejana Gaza, hizo llamar al centurión que había dirigido las ejecuciones y que aún permanecía en la peña del Cráneo. Y mientras esperaba al oficial, el romano pidió un poco de paciencia a José de Arimatea:

—Tú aseguras que Jesús ha muerto —expuso el procurador— y yo te creo, pero debo cerciorarme por mis propios soldados. Apenas han transcurrido tres horas desde que lo envié al patíbulo... ¿Cómo puede estar muerto?

Y antes de que el oficial se presentara ante Pilato, éste —haciendo un aparte con José, el de Arimatea, y procurando no ser oído por el resto de la guardia y oficiales que acompañaban al procurador en el Pretorio— preguntó al judío:

—Desearía conocer algo más de la doctrina de tu maestro... ¿Podría enviar por ti para que me visitaras en Cesarea?

Y José, desconfiado y confuso, no supo qué replicar. Pero terminó por asentir con la cabeza.

En aquel instante entraba en la sala de la fortaleza el centurión que había asistido a la crucifixión del Nazareno y de los dos salteadores.

Pilato, sin más preámbulos, le interrogó, interesándose por el estado del Galileo. Y quedó sorprendido cuando el oficial le confirmó la posible muerte del llamado «rey de los judíos». Los restantes crucificados —según añadió el oficial romano— seguían vivos, aunque aletargados por los brebajes y suplicios.

—Bien —concluyó Pilato, al tiempo que se despedía de José—, tienes mi permiso para retirar el cuerpo de Jesús.

Una vez hubo marchado el de Arimatea, el procurador ordenó al centurión que regresara a su puesto en el patíbulo y rematase a los tres crucificados.

Acto seguido, el romano se dirigió a sus restantes oficiales y escribas y les encomendó la confección de una lista lo más completa posible de cuantos familiares, amigos y seguidores había tenido Jesús de Nazaret. Y dio orden concreta de que aquel documento le fuera entregado en el menor espacio de tiempo y de que lo incluyeran en las actas de la ejecución, que debería remitir al emperador.

Algunos amigos —entre los que se contaban discípulos del Nazareno— esperaban a José de Arimatea a las puertas de la fortaleza Antonia. Y por su mirada y apresurado paso supieron ya, nada más verle entre la guardia que custodiaba el pretorio, que el romano había sido indulgente.

Y el miembro del Consejo les fue explicando —camino del templo— las incidencias y pormenores de su visita a la casa del procurador. Pero nada dijo, por prudencia, de la petición del romano de conocer lo que Jesús había predicado.

El tiempo apremiaba. Así que las mujeres que marchaban junto a José, el de Arimatea, le urgieron a comprar la sábana y los aromas.

Y así lo hicieron, nada más llegar ante los mercaderes que se asentaban al pie de la luminosa fachada de mármol blanco del segundo templo.

María, la de Santiago, se procuró unas cien libras de áloe, incienso, goma y otros perfumes y aromas. Mientras, José, por expresa indicación de Salomé y María —la Magdalena—, consiguió una pieza de lino puro de casi cinco metros, transportado ese mismo día desde Tadmor, en los oasis de Palmira.

José se vio obligado a pagar varias piezas de plata ante la insistencia del sirio, quien —entre constantes lamentaciones y golpes en el pecho— aseguraba que aquél era un paño destinado a la casa real de Herodes.

Viernes, 17 horas
El grito de María

Cuando el joven Juan vio llegar al grupo que encabezaba José, el de Arimatea, corrió ladera abajo. Y llegó hasta ellos, presa de una gran excitación.

—Los romanos le han atravesado el costado con una lanza... —fue explicándoles mientras caminaban hacia la peña del Gólgota—. Intentaron quebrarle las piernas.... pero uno de ellos aseguró que no hacía falta, porque ya estaba muerto... Y yo vi cómo salía sangre y después agua... Y el maestro no se movió cuando el legionario le hundió la pica entre las costillas... ¿De verdad pensáis que Jesús ha muerto...?

José apenas le miró. Su rostro era grave. Y siguió ascendiendo a grandes zancadas hacia la peña.

Una vez junto a las cruces, las mujeres rodearon a María y al resto de los familiares y amigos que habían permanecido junto al Nazareno. Y trataron de consolar a la madre del crucificado.

José, a quien se había unido Nicodemo, habló en privado con el centurión. Y, tras entregarle una bolsa con dinero, el oficial ordenó a sus hombres que iniciaran el descendimiento del Galileo.

Y uno de los legionarios se dispuso a extraer los clavos de los pies.

A corta distancia, las mujeres, con el paño de lino entre las manos, aguardaban. El hundimiento psíquico y moral se había adueñado del grupo, y ya casi no se escuchaban sollozos o lamentos.

Para el discípulo amado, Juan, aquéllas eran horas de total desaliento. No podía entender. Su corazón estaba sumergido entre la cólera y la más desgarradora tristeza.

«¿Cómo podía ser? ¿Cómo Jesús, que había resucitado a los muertos, se había dejado matar...? ¿Dónde estaba su poder...? Y, lo más importante: ¿En qué lugar les había dejado a ellos —sus muchos discípulos— frente a la sociedad?»

Y José, el de Arimatea, visiblemente nervioso, dirigió su mirada hacia el horizonte. El sol —igualmente empapado en sangre— rozaba ya las siluetas negras de las palmeras de Getsemaní. Y las primeras lámparas de aceite apuntaban en las casas de barro de Jerusalén la inminente llegada del sábado.

Era necesario acelerar el desclavamiento. Y así lo hizo ver el miembro del Consejo de los judíos al oficial. Pero éste, sin inmutarse, se limitó a encogerse de hombros.

Nicodemo y José se aproximaron entonces al legionario. Pero no se atrevieron a hablarle.

Con la horquilla metálica del *martiolus,* el soldado hacía palanca, forzando así la extracción del primero de los clavos de los pies.

En segundos, y a pequeños golpes de palanca, el pie derecho quedó pronto libre.

El forcejeo hizo brotar nueva sangre, pero el Nazareno estaba realmente muerto.

La liberación del izquierdo fue más rápida. Después de repetir la operación con la horquilla, el verdugo tomó unas tenazas y, mordiendo con ellas la cabeza del clavo, tiró con fuerza, al tiempo que —con ambas manos— empujaba el hierro a derecha e izquierda.

Aquello provocó una mayor hemorragia, pero la parte delantera del pie quedó desconectada de la *stipes*.

Y, ante la sorpresa del grupo, la pierna izquierda del maestro —que había permanecido flexionada durante toda la crucifixión— quedó rígida y en la misma posición, a pesar de haber sido desclavada.

Uno de los soldados apoyó entonces la escalera de mano utilizada horas antes por el centurión en uno de los brazos del *patibulum*. El verdugo, al mismo tiempo, hacía lo propio con una segunda escalera en el extremo opuesto del citado madero.

Y no necesitó demasiado para sacar ambos clavos de las muñecas del cadáver. Uno de los romanos sostuvo el brazo izquierdo del ejecutado, mientras su compañero remataba las extracciones con el hierro del lado derecho.

En ese instante —al quedar totalmente separado de la cruz—, José de Arimatea, Nicodemo, Juan y otros discípulos sujetaron el cuerpo frío y asombrosamente pesado de Jesús de Nazaret. Y con gran lentitud fue depositado sobre el lino, previamente extendido por las mujeres al pie mismo de la *stipes*.

Tanto José, como Nicodemo, Juan y cuantos se prestaron a recoger el cuerpo sin vida del Galileo, quedaron manchados por la sangre que, en algunos movimientos, brotó de las múltiples heridas y laceraciones.

Una vez sobre la sábana, los familiares y discípulos rodearon el cuerpo de Jesús. Y como si alguien hubiera abierto unas compuertas hasta ese momento bloqueadas, María se arrojó sobre su hijo, presa del desconsuelo. Y, abrazándolo, derramó sobre su rostro sucio e hinchado las lágrimas que todavía quedaban en su corazón.

Y un alarido de mujer, afilado como un sable, llenó el crepúsculo de Jerusalén...

Fue José quien, inclinándose sobre la madre del Nazareno, la retiró con tanta dulzura como firmeza. El tiempo del día de la Preparación estaba agotado y era urgente dar sepultura a Jesús.

Así que, con toda celeridad, los hombres transportaron el cadáver, asiendo la sábana por sus extremos.

Y José de Arimatea les condujo hasta uno de los costados de la peña del Gólgota, donde disponía de un huerto. En él los servidores de José habían concluido la excavación en la piedra de una cripta funeraria, destinada —en su día— a la familia del de Arimatea.

Y allí, sobre el suelo de la fría roca, los discípulos y familiares colocaron el cuerpo.

Y antes de cubrirlo con el lino, una de las mujeres se deshizo de su pañolón y lo amarró en torno a la cabeza del maestro, procurando así que la boca permaneciera cerrada.

José sacó entonces de su bolsa dos pequeñas monedas de bronce y, tras cerrar los ojos del Nazareno, las situó sobre los párpados, como aconsejaba la costumbre judía.

La oscuridad se había cernido sobre la ciudad. Y Nicodemo pidió desde la boca de la gruta que terminaran cuanto antes.

El lienzo sobre el que reposaba el Nazareno fue entonces doblado a la altura de la cabeza y extendido a todo lo largo de su cuerpo. Sus manos fueron cruzadas sobre el bajo vientre, y sólo la rodilla izquierda quedó levemente flexionada, a causa del *rigor mortis*.

Y, sin más preparaciones, los que habían trasladado el cuerpo de Jesús fueron saliendo del sepulcro por el angosto pasadizo.

Y entre cuatro hombres fue rodada una gran piedra —preparada al efecto por los obreros— y, así, cerrada la cámara funeraria.

Al retirarse el grupo, sólo María Magdalena y María, la de Santiago, permanecieron sentadas en el lugar. Y sus lágrimas y plegarias no concluyeron hasta bien entrada la noche.

Y mientras todos se encaminaban hacia Jerusalén, José, el de Arimatea, regresó nuevamente hasta la explanada del patíbulo, y siendo, como era, hombre compasivo y justo, habló por segunda vez con el centurión para que hicieran descender a los dos salteadores, cuyas piernas aparecían fuertemente amoratadas e inflamadas a causa de los bastonazos. Y depositó en sus manos el resto de las monedas que quedaba en su bolsa, prometiéndoles elogiar ante el procurador sus buenos servicios.

Y regresando junto a María y los discípulos, en la ciudad santa, prepararon los aromas y mirra que habían comprado, a fin de lavar y embalsamar el cuerpo del Señor cuando finalizase la Pascua.

Informe de los expertos
«Antes del lanzazo, el hombre de la Sábana ya estaba muerto»

Cuando la Iglesia católica autorizó los primeros análisis científicos de la Sábana de Turín, algunos de los técnicos torcieron el gesto.

El tejido era demasiado perfecto para fecharlo en los tiempos de Jesús...

Años después, cuando las investigaciones sobre el lienzo se hicieron más profundas y completas, la cosa cambió.

Y, amén de los descubrimientos del ya referido Max Frei —que detectó gránulos de polen del tiempo de Cristo entre los hilos del paño—, especialistas como T. Walsh llegaron a escribir:

«... En Europa Occidental no se tejió sarga hasta bien pasado el siglo XIV.»

Todo lo contrario a lo que venía sucediendo en Oriente.

Según los expertos, el tejido que forma la Síndone procedía del Oriente Próximo. Hay pruebas concretas y un sinfín de testimonios escritos y gráficos de la existencia y construcción de telares capaces de producir este tipo de tejido en la Siria del siglo I.

Al este de Damasco, la ciudad de Palmira parece haber sido el emporio especializado en la fabricación de sargas de lino.

Por su parte, los egipcios —desde tiempos inmemoriales— utilizaban también tejidos de lino para sus sepulturas, aunque está probado que no los tejían en la modalidad de sarga. Ésta la reservaban para las prendas de lana...

Es fácil imaginar que el bueno de José de Arimatea pudo comprar con toda comodidad la pieza de lino en la que envolvieron el cuerpo del maestro...

Aquéllas eran fechas solemnes en Jerusalén. Y dada la aglomeración de gentes, llegadas desde los cuatro puntos cardinales, resultaba más que probable que entre los comerciantes hubiera también del ramo textil. Y —¿porqué no?—, llegados, incluso, desde los oasis sirios de Palmira. Hay que tener en cuenta que

Damasco dista de Jerusalén mucho menos que Burgos de Madrid...

(En su última guerra, los israelitas alcanzaban los suburbios de Damasco desde el Hermón con su artillería. Y no olvidemos tampoco que san Pablo cubría ese viaje..., a pie.)

Recientemente, un experto textil como Virginio Timossi ha publicado un importante informe sobre el tejido de la Sábana de Turín, y en él hace referencia a la tela de siete metros descubierta en el Museo Egipcio de la citada ciudad italiana. Esa tela —idéntica a la Síndone— pertenecía a la XII dinastía. Es decir, entre los años 1966-1784 antes de J. C. Y es de puro lino...

Por último, los investigadores actuales han llegado a la conclusión de que el lino de la Sábana de Turín fue hilado a mano.

El telar —dicen— era de «pedal», pero usado a mano también. Por lo que se refiere a la finura del hilo, el de la urdimbre corresponde al número 50 de la clasificación inglesa, contándose 40 hilos por centímetro. En cambio, el hilo de la trama corresponde al número 30 de la norma citada, habiendo sido contabilizadas 27 inserciones por centímetro.

Sobre esta base podemos calcular que el peso del tejido por metro cuadrado debe ser de unos 234 gramos. Como el lienzo mide actualmente $4,36 \times 1,10$ metros —es decir, unos 4,80 metros cuadrados de superficie—, su probable peso debe de estar alrededor de un kilo y ciento veintitrés gramos.

A la vista de estos resultados, cualquier investigador serio y con un mínimo de buena fe deduce que el lienzo recogido hoy en Turín pudo ser fabricado realmente en el área geográfica donde se desarrollaron los acontecimientos de todos conocidos...

En cuanto a las apreciaciones de los médicos forenses en relación con la lanzada, eso es «harina de otro costal».

¿Y qué dicen los científicos respecto a la huella dejada en la sábana y que parece corresponde a una herida producida por una lanza?

Consultando los textos evangélicos, observa uno que el único «reportero» que señaló el lanzazo fue Juan, que, según parece, se encontraba muy cerca de la cruz. El resto de los evangelistas «no se enteraron» de la noticia, o, al menos, no la reseñaron en sus respectivas «crónicas».

Y llegaron, como digo, los médicos forenses. Y empezaron los análisis de la huella de la Síndone.

Las primeras observaciones permitieron concretar los siguientes puntos:

1.º El color de la huella es rojo granate y más oscuro que el de las otras manchas de sangre.

2.º La mancha se extiende hacia arriba unos seis centímetros y baja después, dividiéndose en unos quince centímetros.

3. Su margen interna zigzaguea en líneas curvas.

4.º La herida de la que fluye ese reguero es netamente visible y ha sido determinada por un instrumento de punta y corte (lanza), con dos aletas o rebordes en sus extremos; de ahí su forma elíptica.

Y el gran experto, el doctor Barbet, apura aún más:

«Tomando como referencia la punta del esternón, visible en el lienzo, y determinando por radiografía su posición en la caja intercostal —asegura—, podemos afirmar que la lanza del soldado se deslizó por encima de la sexta costilla. Atravesó el quinto espacio intercostal y encontró en su ruta, primero, la pleura, y luego, el pulmón derecho.»

Si el romano hubiera impulsado su pica en dirección casi vertical, ésta se habría hundido en los pulmones. Y allí no habría desgarrado más que unas cuantas venas. Esto —según los médicos—, sólo hubiera hecho brotar un poco de sangre y no un chorro y agua, como dice san Juan.

No cabe duda —según los forenses— de que el lanzazo fue dado en dirección casi horizontal. Es posible que Jesús no estuviera demasiado alto en la cruz o tal vez el lancero blandió su arma en alto. Quién sabe, incluso, si el legionario iba a caballo...

No podemos olvidar que los soldados destacados en el país israelita debían de ser —dada la naturaleza levantisca e intrigante de los hebreos— buenos profesionales de la guerra. Legionarios habituados a todo. Y, por supuesto, con un dominio completo de las armas.

El golpe al corazón era un lance clásico en la esgrima romana. Se apuntaba al costado derecho, puesto que el izquierdo solía ir resguardado por el escudo.

Y sigue el profesor Barbet:

«La punta, pues, y a juzgar por las experiencias similares que he practicado en cadáveres, penetró por el pulmón derecho. Tras recorrer unos ocho centímetros, alcanzó el corazón, que está envuelto en el pericardio.

»Ahora bien, la parte del corazón que se extiende hacia el lado derecho del esternón es la aurícula derecha. Y esta aurícula, que conecta hacia arriba con la vena cava superior y hacia abajo con la vena cava inferior, se halla siempre llena de sangre líquida en los cadáveres recientes...

»¿Qué quiere decir esto?

»Si la lanza se hubiese dirigido más hacia la izquierda, habría desgarrado los ventrículos que —en los cadáveres— están vacíos de sangre.»

Por su parte, el doctor Judica afirma:

«He repetido el mecanismo de tal lesión, al igual que Barbet, sobre un cadáver, tal como había sido crucificado Cristo, hundiendo un cuchillo de disección al ras del borde de la sexta costilla en el hemitórax derecho, perforando de abajo arriba y de derecha a izquierda el quinto espacio intercostal, para penetrar en profundidad... pleuras, lóbulo del pulmón, pericardio... y, finalmente, la aurícula derecha, sin traspasar la pared posterior...

»La sangre sólo puede originarse en la aurícula derecha... Sobre su fluidez no cabe duda alguna, ya se admita la hipótesis de Hynek (muerte por asfixia), ya se recuerde que la aurícula derecha —sobre todo, a tan corto espacio después de la muerte— contiene sangre fluida.»

Es lógico, en fin, que, tras el lanzazo, saliera sangre y en estado líquido...

En cuanto al «agua» que dice que vio el evangelista Juan, su rastro o señal no ha quedado visible en el lienzo de Turín.

Uno puede pensar entonces que el «reportero» pudo equivocarse. Y realmente, si nos atenemos a los hechos, Juan se equivocó.

Vayamos por partes.

¿Qué dicen los médicos forenses sobre esa «agua» que san Juan afirma brotó inmediatamente después de la sangre?

¿Era un exudado o un trasudado? En palabras lisas y llanas: ¿era un líquido de origen inflamatorio o no?

Algunos especialistas hablan de hidropericardio de origen agónico. Otros, de serosanguíneo. Otros, de líquido pletírico... Ha habido, incluso, quien esgrimió la posibilidad de que Jesús fuera tuberculoso.

126

Sin embargo, todas esas teorías se han visto eclipsadas por los estudios —una vez más— del doctor Cordiglia.

Para este médico, las citadas hipótesis —en especial, las dos últimas— son tan absurdas como inaceptables.

Y finaliza diciendo que el «agua» que vio Juan era de origen inflamatorio o exudado. ¿Causa? Los repetidos golpes torácicos que recibió tanto en casa de Caifás como en la flagelación.

«Todas estas graves ofensas traumáticas —explica el forense—, descargadas contra la serosidad[1] pericárdica que reacciona rapidísimamente a ataques externos violentos mediante un estadio hiperémico de breve duración (algunas horas), determinan la formación del líquido inflamatorio.»

Y concluye este profesor con una afirmación que resulta de gran importancia:

«La lanzada tuvo lugar —con toda certeza— después de la muerte.»

He aquí sus argumentos:

1.º No hay turgencia en los labios de la herida.

2.º La impronta elíptica dejada por la lanza es de naturaleza «pasiva» debida a la elasticidad y extraordinaria tensión de la piel en aquel momento.

3.º La sangre brotada —en dos momentos diferentes— no ha dejado más que huellas difusas, de coloración poco intensa.

4.º La gran cantidad de líquido serohemático indica una evidente plenitud en la zona derecha del corazón y cierta presión (corazón en diástole).

---

[1] Serosidad: Líquido que segregan ciertas membranas en estado normal.

En síntesis:

Que todas las lesiones del «hombre de la Sábana» —con la única excepción de la del tórax— se produjeron en vida.

Que la lesión del costado derecho se produjo *post mortem* y, ciertamente, a corta distancia de ocurrida la muerte, según lo que se deduce de la rigidez cadavérica de las zonas de «seudocoagulación», ya que no hay coagulación verdadera, debida a una concentración y aglutinación de glóbulos rojos en las mallas de fibrina precipitada.

Esto viene a ratificar que Jesús de Nazaret permaneció vivo en la cruz unas tres horas, aproximadamente. Y que su fallecimiento pudo sobrevenir en el instante en que «inclinó la cabeza» —según los evangelistas— o poco tiempo después de esta posible pérdida del conocimiento.

Habituados como estaban al fenómeno de la muerte, tanto el centurión como los legionarios que formaban la guardia pudieron advertir con relativa facilidad cuándo el cuerpo del Galileo dejó de vivir.

Pero los descubrimientos sobre el lienzo de Turín no concluyen aquí...

En la espalda del «hombre» que fue envuelto en esta sábana se observa también un reguero de sangre que cruza toda la cintura.

¿A qué pudo deberse esto?

Los médicos y científicos también han encontrado la explicación:

Al bajar el cuerpo de la cruz, éste quedó en posición horizontal. Pues bien, si tras la lanzada se había vaciado por la herida del pecho la sangre de la aurícula derecha y de la vena cava superior, al alcanzar el cadáver la posición horizontal se derramó igualmente la sangre contenida en la vena cava inferior.

Esta hemorragia final se incrementaría, quizá, en el traslado final del cuerpo hasta el sepulcro. En esta segunda fase —desclavamiento, descenso y traslado—, la sangre se deslizó a lo largo de la cintura, cayendo, obviamente, al suelo.

Y llegan los norteamericanos con sus sofisticados analizadores espaciales y le dicen al mundo:

«Por ahora —puesto que las investigaciones en Estados Unidos sobre el lienzo de Turín no han hecho más que empezar— hemos observado, por ejemplo, que al hombre que sepultaron en aquella gruta le colocaron sendas monedas de bronce sobre los párpados.»

Cuando supe de este hallazgo de la Academia de las Fuerzas Aéreas de Denver (Colorado) y del Laboratorio de Propulsión de Pasadena (California), sentí escalofríos.

Si la Ciencia ultramoderna está llegando a tales extremos, ¿qué nos reserva el futuro? ¿Qué llegaremos a averiguar todavía en relación con la vida y muerte de Jesús de Nazaret?

A través del famoso VP-8 —que había servido para analizar las fotografías recibidas del planeta Marte—, los técnicos y especialistas al servicio de la NASA comprobaron que sobre los ojos del Nazareno había dos objetos de pequeño tamaño, circulares y sólidos. Algo muy parecido a... ¡botones!

Sin embargo, en aquella época todavía no se fabricaban... ¿Qué podía ser?

Aunque los norteamericanos sospecharon desde el principio que los dos objetos tenían que estar relacionados con metales o cerámica, decidieron apurar todas las alternativas. Y, durante semanas, sometieron el rostro del «hombre de la sábana» a una meticulosa exploración.

Otras explicaciones —tal y como imaginaron— fueron cayendo por sí mismas.

Aquellas señales en cada párpado no eran deformaciones en el proceso de formación de la imagen. Tampoco eran la consecuencia de una reacción local biológica química o térmica...

El VP-8 detectaba que los «círculos» eran metálicos y de una circunferencia casi perfecta.

Por otra parte, esta identificación, concuerda con la antigua costumbre de enterramiento de los judíos en la que, a veces, se colocaban objetos sobre los ojos (generalmente, monedas o fragmentos de cacharros de cerámica).

Los jóvenes oficiales de la NASA —siempre prudentes en sus investigaciones— prosiguen con estas frases:

«No es posible hacer una identificación detallada sin una investigación mayor. Pero proponemos que puede tratarse de alguna clase de moneda.

»Y he aquí las razones:

»Primera. Ambas son circulares y, aproximadamente, del mismo tamaño.

»Segunda. Los relatos bíblicos indican que José de Arimatea —un hombre rico— fue el encargado de enterrar a Jesús. Obviamente, llevaba dinero en el momento de sepultar a Cristo, ya que pudo comprarle un lienzo de hilo. Por tanto, si José de Arimatea siguió la costumbre de los enterramientos, pudo cubrir los ojos, no resultando irracional pensar que lo más natural y cómodo de usar para él hubieran sido monedas, en lugar de fragmentos de cerámica.»

Este descubrimiento arroja nueva luz sobre un punto clave: la edad exacta y concreta en que se produjo la muerte del Nazareno.

Los hombres de Pasadena —partiendo de primerísimos planos de los ojos del «hombre de la sábana»— están trabajando en la tarea de descifrar las inscripciones que aparecían en las pequeñas monedas.

Y la obtención de un relieve mediante ordenador, partiendo precisamente de estos primeros planos, les ha hecho sospechar que las monedas depositadas sobre los párpados de Cristo eran «leptones». Es decir —y según Ian Wilson—, se trataba de monedas de bronce de Judea, que tenían un tamaño similar al que aparece en la imagen de la Sábana de Turín.

Y entre estos «leptones», uno en especial atrae la atención de los investigadores de la NASA: uno de Poncio Pilato, acuñado los años 30-31 de la Era cristiana.

En el supuesto, como digo, de que los norteamericanos pudieran descifrar las posibles inscripciones, la localización del personaje llamado Jesús en la Historia sería total. Esta ubicación, sin embargo, está ya demostrada por otros canales, a los que me referiré más adelante.

Parece de sentido común, incluso, que estas monedas fueran de pequeño tamaño, puesto que, de haber usado el denario de plata de Tiberio, acuñado en los años 14-37 de ese mismo tiempo, habría resultado excesivamente voluminoso.

Y, sinceramente, a la vista de estos hallazgos, fue desvaneciéndose mi primera y total desconfianza hacia la autenticidad del lienzo de Turín.

¿Qué falsificador o pintor de la Edad Media, por ejemplo, habría plasmado esa imagen... con la casi imperceptible huella de un «leptón» de bronce sobre cada párpado? Resulta ridículo.

Pero sigamos con estos asombrosos *cow-boys* de la NASA...

El VP-8 en cuestión reservaba nuevas sorpresas.

El mechón de cabello a la izquierda del rostro estaba más empapado en sangre...

La cabeza del «hombre del lienzo» fue amarrada o sujeta con un vendaje o tela por debajo de la barbilla...

Este último dato coincide plenamente —como veremos en capítulos inmediatos— con lo narrado por los evangelistas. Y quedé nuevamente perplejo. ¿Cómo la Ciencia espacial podía ratificar detalles tan pequeños y escondidos..., que se produjeron hace dos mil años?

Por lo visto, este vendaje fue utilizado en el enterramiento de Jesús, ya que el cabello del lado izquierdo del rostro parece colgar sobre el borde de algún objeto invisible. Seguramente, un segundo lienzo o tela que mantenía cerrada la boca.

Además, ese vendaje «invisible» parece dividir una barba.

Este tipo de vendaje ha sido conocido hasta hace muy poco tiempo en nuestra propia sociedad. Y es muy posible que todavía se siga practicando con los difuntos. La misión fundamental de la tela que rodeaba la cabeza era evitar que cayera la mandíbula inferior. En fin, algo similar a los primitivos pañuelos que nos colocaban nuestras abuelas cuando teníamos un flemón o dolor de muelas...

Pero, ¿qué pudo suceder en la oscuridad de aquel sepulcro durante las casi treinta y seis horas que duró el enterramiento de Jesús de Nazaret?

8. UNA RADIACIÓN SALIÓ DEL CADÁVER

Confieso que me costó entender el proceso de la «tridimensionalidad». A estas alturas de mis investigaciones en torno a los hallazgos de la NASA sigo dudando...

Los norteamericanos, tal y como adelantaba en el arranque de esta recopilación, habían quedado aturdidos cuando las computadoras «ventilaron» la cuestión con una imagen. Pero «aquélla» no era una imagen cualquiera...

Se trataba de las huellas de la Síndone... ¡en relieve! A pesar de tener dicha imagen en mis manos, y de escrutarla hasta el cansancio, seguía sin comprender...

Luego supe —y no oculto que ello me consoló lo suyo— que a muchos de los científicos de Pasadena y Colorado les había sucedido tres cuartos de lo mismo.

Intentaré, pues, explicar dicho proceso de «tridimensionalidad», tal y como tuvieron que enseñármelo a mí mismo.

Quizá el ejemplo más gráfico lo tenemos en una simple fotografía.

Si nos sacan una foto corriente, vestidos con chaqueta negra y camisa blanca, la blancura de la camisa y la negrura de la chaqueta en el retrato no dependen de su mayor o menor distancia al objetivo de la cámara. Está claro.

Esa fotografía, en suma, no tiene «tridimensionalidad». En la imagen que aparece en la Sábana de Turín no pasa esto.

Según los técnicos que trabajan para la NASA, en el lienzo, el grado de intensidad de la imagen está en función de la distancia del cuerpo al lienzo.

Esta imagen, en fin, sí es tridimensional.

Y adelantemos la «clave» del descubrimiento: según los científicos, el grado de intensidad de esa imagen que ha quedado impresa en la sábana es inversamente proporcional a la distancia del cuerpo a dicha tela. O, lo que es lo mismo, cuanto más pegado o próximo se encontraba el lino al cadáver de Jesús de Nazaret, menos registró la huella.

Pero sigamos, porque el misterio no ha hecho más que empezar...

Las pruebas que desarrollaron los *cow-boys*, como podrá comprenderse, fueron tantas, que no quedó cabo suelto.

Y la definitiva volvió a protagonizarla el para mí simpático VP-8.

Aplicaron el analizador de imagen a una fotografía de tamaño natural del lienzo, y, por enésima vez, el resultado fue el mismo: «aquello» era tridimensional.

En cambio, no ocurrió lo mismo al aplicar este ingenio técnico a unas simples fotografías del papa Pío XI, tanto en positivo como en negativo.

Al «pasar» el VP-8 sobre dichas placas, éstas arrojaron unas vistas desastrosas del pontífice.

Los ojos aparecían hundidos; la nariz, achatada, y el brazo, como aplastado dentro del pecho. En otras palabras, allí no había «tridimensionalidad» ni nada parecido...

Y aunque, en este caso particular, no soy muy amante de entrar en detalles técnicos y matemáticos, dada la extrema complejidad de los mismos, haremos, sin embargo, una rápida «incursión» a la trama sobre la que se ha tejido la investigación.

El estudio —principalmente a cargo de John P. Jackson, Eric J. Jumper, Bill Mottern y Kenneth E. Stevenson— se prolongó en esta primera fase por espacio de tres años. Tres largos años de silencio y meditación. Nadie supo lo que ocurría en aquellos laboratorios de Colorado y California...

Hoy, estos científicos han revelado que en el análisis de dicha **tridimensionalidad** «trabajaron» muy activamente..., **las mejores computadoras de los Estados Unidos. Nada más** y nada menos.

«Y mediante el uso de esos ordenadores —de la última "generación"— se ha revelado que la imagen de la Síndone está impresa en relieve, en el sentido de que la información que define los contornos espaciales del cuerpo de Jesús están codificados en los niveles variables de intensidad de la imagen.»

Sigamos intentando «traducir» estos tecnicismos:

Para empezar —y puesto que el lienzo original no sería facilitado por la Iglesia a los expertos de la NASA hasta finales de 1978—, los norteamericanos hicieron sus experiencias y análisis sobre una fotografía, a tamaño natural, de la conocida imagen. Pero fue suficiente.

Con la ayuda de este VP-8 —orgullo, dicho sea de paso, de los norteamericanos—, la totalidad de la imagen fue descompuesta en millones de puntos. Y a cada punto —de un diámetro microscópico (un micrón)— se le asignaron tres coordenadas. Las dos primeras son las cartesianas, que sitúan o localizan dicho punto en el conjunto del lienzo. La tercera corresponde al grado de intensidad luminosa de la imagen de Jesús en ese punto concreto.

Todo este material, así codificado, fue absorbido por una computadora. Y ésta se encargó —primero— de individualizar los del tejido: trama y urdimbre quedaron así reconstruidas y aisladas del resto. Y se vio, además, que eran idénticas a las usadas en la Palestina del siglo I.

A continuación, el ordenador ignora tales imágenes y se concentra sobre las correspondientes a la figura.

De esta forma, las fotografías resultantes arrojan una nitidez insuperable hasta el momento.

La experiencia —resumiendo— abarcó tres capítulos claves:

1.º Medición de la distancia entre el cuerpo y la sábana.
2.º Cálculo de la intensidad de la imagen.
3.º Comparación de la distancia entre el cuerpo y la tela con la intensidad de la imagen en diversos lugares de la Síndone.

Para el primer apartado —¡cómo saber qué distancia podía haber entre el lienzo y el cadáver de Jesús!—, los hombres de la NASA reconstruyeron la configuración del enterramiento, tal y como lo sugería el propio lino.

Y lo lograron, ¡cómo no...!

Para ello cubrieron a un voluntario de altura y proporciones similares a la del Cristo con un paño similar al empleado por José de Arimatea.

Sobre el cuerpo de este voluntario se trazaron

—con exquisito cuidado— las heridas y señales que aparecen en la sábana.

«... Una de nuestras máximas preocupaciones —explicaron los científicos— fue la más exacta colocación de la tela sobre el cuerpo del voluntario. Teníamos que asegurarnos de que todas las características y rasgos de la imagen fuesen situados sobre la parte correspondiente al cuerpo. Después obtuvimos dos fotografías: una, con la tela en posición, y la otra, sin dicha tela.

»A continuación —a partir de estas fotografías— se preparó un dibujo similar al cuerpo yacente. Utilizando este dibujo, constituía un procedimiento sencillo medir la distancia entre cuerpo y sábana, a partir de la línea de arrugas del modelo de sábana.»

Para la segunda fase —es decir, la medición de la intensidad de la imagen que vemos en la Síndone—, los técnicos se valieron de un aparato llamado «microdensitómetro». De esta forma exploraron las huellas, a lo largo del recorrido de la «línea de arrugas». Esta «línea» señala los puntos más altos de contacto del cuerpo con el lienzo.

«Por último —concluyeron los *cow-boys* con gran satisfacción— representamos gráficamente la intensidad de la imagen con respecto a la distancia entre sábana y cuerpo y establecimos una relación entre los dos.

»Por tanto, resulta manifiesto que la imagen existente en la Sábana de Turín debe de ser equivalente a una superficie tridimensional del cuerpo de Jesús.»

Esta aseveración tiene una enorme importancia. Como saben los profesionales y aficionados de la fotografía, las imágenes fotográficas ordinarias no pueden convertirse generalmente en relieves tridimensionales verdaderos. El proceso fotográfico no hace que los objetos filmados sean expuestos por la luz en relación inversa a la distancia de la cámara.

Por tanto, en la película no se registra información tridimensional.

Pero los norteamericanos —dispuestos a todo— sometieron al VP-8 dos fotografías de otros tantos cuadros famosos (copias de la imagen de la Sábana de Turín).

Todos los que trabajaban en este proyecto eran conscientes de que ningún falsificador podría haber codificado en pleno siglo I la información necesaria para conseguir esta imagen tridimensional. No tenía sentido...

Y los resultados sobre las copias fueron rotundamente negativos. El retrato de Cussetti señalaba —una vez sometido al analizador— una clara distorsión.

Por su parte, el del pintor Reffo se mostró igualmente descompuesto. El rostro quedó hundido, y la totalidad de la composición, claramente plana.

Si la ansiada tridimensionalidad no había sido lograda por dos reconocidos artistas del siglo XX, ¿cómo aceptar que lo hubiera conseguido algún pintor o «mago» de los primeros siglos de nuestra Era?

Y de esta forma nació el gran reto a la tecnología espacial.

¿Cómo y quién pudo haber «colocado» esta misteriosa imagen tridimensional, y en negativo, de un cuerpo humano sobre un tejido de lino y en pleno siglo I?

Este hallazgo asombró y animó a los científicos de Pasadena. Aquella sábana, realmente, era algo «fuera de serie».

Habían demostrado —y era evidente— que la imagen contenida en un lino de hace dos mil años estaba en «negativo».

Y habían demostrado —y las fotografías posteriores lo terminaron de aclarar— que, además, esas huellas, de un cadáver, eran tridimensionales...

Personalmente necesité semanas para empezar a asimilar el problema.

Pero mis «circuitos cerebrales» saltaron en su totalidad cuando —para colmo— los hombres del Laboratorio de Propulsión de Pasadena y los capitanes y técnicos de la Academia de las Fuerzas Aéreas de Colorado Springs aseguraron públicamente —y lo demostraron, claro— que esa imagen del «hombre de la sábana» no pudo formarse por contacto.

Aquello era ya demasiado...

Y, naturalmente, medio mundo se hizo la misma pregunta. Si las huellas que todos conocemos no se formaron por contacto, ¿cómo demonios están ahí?

Por pura lógica, lo primero que se le ocurre a uno es que la tela quedó manchada con la sangre, sudor u otros elementos químicos y orgánicos.

Pero no.

Según los hombres de la NASA, esa idea del «contacto» tiene que ser... absoluta... y definitivamente descartada.

No hubo contacto directo, pero sí una radiación o energía desconocidas para nosotros que «chamuscó» (*scorching* para los mencionados «vaqueros» USA) el lienzo, y uniformemente.

«Y esto es así —explican— porque, si el mecanismo se hubiera producido por contacto directo, la imagen de relieve creada por el "analizador de imagen" (VP-8) aparecería aplanada en la parte superior, en donde las zonas de contacto tendrían la misma elevación vertical.»

Y como plataforma de esta afirmación mostraron un sinfín de cálculos matemáticos y físicos que habían desarrollado durante tres años y que ni siquiera me atrevo a sintetizar, dada mi proverbial nulidad en el planeta de las Matemáticas...

La revolucionaria hipótesis de los norteamericanos venía a coincidir, por otra parte, con las observaciones apuntadas por el médico inglés David Willis, que fue uno de los pocos admitidos el 22 de noviembre de 1973 por la Iglesia para contemplar «en vivo» el lienzo de Turín.

A raíz de aquella observación «sobre el terreno», el doctor escribía:

«Un detalle del que me di cuenta tan sólo a la vista en directo del lienzo, fue la importancia que adquiere el color de sus chamuscamientos, al compararlo con el de la imagen del cuerpo: ambos se difuminan imperceptiblemente en la porción de lienzo que los rodea...»

(Como se sabe, la sábana se vio afectada —a lo largo de su peregrinaje durante varios siglos— por incendios que llegaron a derretir parte del marco de plata en el que está encerrada, chamuscando una parte del lino.)

Y la pregunta clave —a pesar de mis constantes intentos por esquivarla— volvía a presentarse ante mí, como si de un juego se tratase:

«Entonces, ¿cómo y de qué manera se chamuscó aquella sábana?»

Y yo, una vez más, la evité. Y me distraje con otros asuntos.

Por ejemplo, con los innegables restos de sangre que cualquiera puede apreciar en la tela.

Si los científicos aseguraban que las huellas no se habían debido a un contacto directo, ¿qué pintaban allí las clarísimas heridas, regueros y reguerillos de sangre?

140

Al poco de investigar sobre este particular, pude darme cuenta de que las manchas de sangre no tenían nada que ver con el resto de las huellas del cuerpo del Nazareno...

Me explicaré.

Si uno observa atentamente las heridas y plastones de sangre, caerá en una apreciación desconcertante:

Mientras las huellas del cuerpo forman un negativo fotográfico —tal y como ya hemos explicado—, las manchas de sangre son impresiones directas por contacto. Es decir, son positivas, desde el punto de vista óptico.

Mi cerebro volvió a desfallecer...

Además, los hematólogos más eminentes habían dictaminado categóricamente que allí no quedaban restos orgánicos de tal sangre. «Aquello» había sido sangre. Eso era evidente. Pero ya no había el menor vestigio químico u orgánico que pudiera demostrarlo...

Total, un manicomio.

Algunos médicos, incluso, a quienes consulté, me aportaron otro dato desconcertante.

Siempre resulta prácticamente imposible separar o despegar un solo coágulo de sangre de un pedazo de lienzo sin estropear la impresión dejada en él por la sangre.

¿Cómo habían permanecido entonces esas señales absolutamente nítidas sobre el lino de Turín?

¿Cómo era posible que después de más de 30 horas, en las que la sangre coagulada estuvo materialmente pegada a la sábana, los dos reguerillos en el dorso de la mano izquierda, los de los antebrazos, el gran manchón del costado derecho, los coágulos y regueros sobre las cejas, cabellos, etc., hayan quedado intactos?

Pero, aunque supusiéramos que todo ello se consiguió una vez levantada la mitad frontal de la sábana, quedaba aún la mitad dorsal, con sus meandros en la región occipital, la sangre de la zona solar, los dos reguerillos que se entrecruzan a lo largo de la cintura...

Y, por si esto fuera poco, ¿cómo explicar que las señales registradas en la espalda no hayan aparecido aplastadas? Jesús, según los estudios médicos, pesaba unos 80 kilos. Tumbado sobre su espalda, aquel cuerpo —por mucha rigidez cadavérica que fijara sus músculos— tenía que gravitar sobre el lienzo subyacente con una presión que debería acusarse en una impronta sobre éste. La diferencia respecto a la impresión frontal tendría que haber sido más que notable.

Sin embargo —¡oh sorpresa!—, los varios músculos dorsales no están aplastados sobre la sábana. Las huellas son uniformes. Ligerísimas. Tenues y casi difuminadas.

¿Cómo explicar esta «uniformidad» de impresión, tanto en la zona superior como en la inferior?

«Parece en verdad —reproduzco las opiniones de la Comisión de Expertos de Turín— como si el cadáver se hubiera "esfumado" o "vaporizado".»

Era como si aquel cuerpo se hubiera evadido del tejido al igual que un rayo de luz atraviesa un cristal: sin desgarrar los coágulos ni deformar las imágenes. Y era lógico sospechar que aquel lienzo —después de 36 horas— estuviera materialmente encolado al cuerpo...

Pero seguían naufragando mis deseos de hallar una explicación «lógica» y «razonable».

Y aquella interrogante volvía a materializarse:

«Una misteriosa radiación... Pero, ¿cómo?»

¿Cómo aceptar que un cuerpo muerto —con unas 36 horas sin vida— haya podido emitir (?) una energía o radiación? ¿Cómo...?

El sepulcro, además, debía de encontrarse en el instante de la radiación en la más absoluta oscuridad...

Un prestigioso arquitecto italiano, Nicola Mosso, realizó un interesante informe sobre este capítulo. Y afirma:

«El "hombre de la sábana", en el instante en que quedó impreso en el tejido —y misteriosamente en negativo— se encontraba en oscuridad absoluta. Efectivamente, no se observa en ninguna de las dos figuras traza alguna de sombras directas o indirectas, proyectadas por ningún foco luminoso externo.»

Entonces, si no había una fuente externa de luz, ¿dónde hay que localizar ese innegable foco de energía, radiación, calor o lo que fuera?

Sólo queda un camino. Al menos por ahora:

La radiación tuvo que partir del interior del cadáver.

Y llegan, como digo, los hombres de Pasadena y remachan el clavo:

«... Esa radiación desconocida para la Ciencia tuvo que ser igual en todos los puntos del cuerpo. Sólo así se habrían podido impresionar con la misma intensidad luminosa partes tan diferentes y distantes como la nuca y los pies.

»Y esa energía —prosiguen— sólo pudo arrancar del interior del cuerpo. De otra forma, ¿cómo explicar que la espalda y pecho, por ejemplo, hayan sido "radiados" de idéntica forma y con la misma fuerza?

»Más claramente: todo el cuerpo del Nazareno fue foco...»

Y ante el asombro y —¿por qué ocultarlo?— la irritación de los hipercríticos y agnósticos, los científicos de la NASA concluyen:

«Es muy posible que en el instante —quizá una décima de segundo— de la emisión de esa fuerza o radiación, el cuerpo del "hombre de la sábana" permaneciera ingrávido y radiante.»

Eso quería decir que el Nazareno había levitado en el momento mismo de la radiación. Pero, ¿cómo alcanzar a entender...?

¿Fue ése entonces el instante preciso de lo que se ha dado en calificar como «resurrección»?

¿Pudo ser ésa —la enigmática y formidable radiación que emitió el cadáver— la que catapultó incluso la gran piedra redonda que cubría y sellaba el sepulcro?

Lo «infinitesimal» del momento del desprendimiento (?) de la radiación ha quedado demostrado también a finales de 1978, en el último Congreso celebrado por los expertos y científicos en Turín.

Por fin, una legión de sabios pudo chequear el lienzo original, sometiéndolo a cientos de pruebas e investigaciones. Y una de esas experiencias vino a demostrar que la radiación sólo había chamuscado una de las caras de la sábana y de forma totalmente superficial. Algo así como cuando a nuestras abuelas o madres se les olvidaba retirar las viejas planchas y aparecían los típicos chamuscados sobre el paño.

Unas investigaciones —dicho sea de paso— que, en breve, arrojarán nueva luz sobre este apasionante misterio.

Y aunque los científicos no hayan localizado todavía la explicación de esa fortísima radiación en el interior de una cueva herméticamente cerrada, no parecen, sin embargo, disconformes con la posibilidad real de que un cuerpo —por procedimientos que todavía desconocemos— «desaparezca» materialmente y «reaparezca» más tarde. Al margen de la fe religiosa y de la intención espiritual de la Resurrección, semejante fenómeno, insisto, es científicamente posible. La transferencia de la materia desde un punto a otro es posible a través de la desintegración de la propia materia, con la transformación de la masa en energía.

Se han llevado a cabo experimentos de este tipo con reacciones nucleares, y las radiaciones emitidas por el bombardeo atómico han impresionado imágenes, de forma muy similar a las de la Sábana de Turín.

Naturalmente, si admitimos la realidad de esa radiación —como así lo han probado los expertos de la NASA—, cabe imaginar también que la presencia de semejante y desconocida energía o fuerza pudo alterar los restos orgánicos y químicos de la sangre, sin empañar en absoluto las formas de los regueros, heridas, etc., que estaban ya impresos en el lienzo. La sangre —en otras palabras— había perdido su naturaleza, pero seguía grabada en el lino.

Llegados a este extremo —con la demostración científica de que la imagen de la Sábana de Turín no pudo surgir por contacto—, ¿qué podía pensar de las diversas teorías, actualmente en vigor por el mundo, y que intentan «descafeinar» el hecho físico de la Resurrección?

Resumiré algunas de esas hipótesis, y el propio lector juzgará lo que considere más prudente:

1.ª La Resurrección es objeto de fe y, por tanto, está fuera de la Historia: no hablemos de ella.

2.ª Los discípulos sufrieron una alucinación patológica.

3.ª Las apariciones del Resucitado son visiones neumáticas.

4.ª La Resurrección no es más que el Kerygma: olvídense ustedes de la tumba vacía.

5.ª Una resurrección es un mito transhistórico: la Historia no tiene nada que ver con eso.

6.ª La resurrección de Cristo es una interpretación subjetiva.

7.ª Cristo es la «Palabra». Anunciarla: eso es la Resurrección.

Para mí, como para todos aquellos que han empezado a bucear en estas investigaciones sobre el Nazareno, «algo» se distinguía ya con claridad en el horizonte:

En el interior de aquel sepulcro judío —hace dos mil años— se había registrado un acontecimiento que jamás ha vuelto a repetirse en toda la historia de esta Humanidad. «Alguien», con un poder poco común, había resucitado físicamente, en el más literal de los sentidos...

Y ahora, con la llegada del hombre a los primeros astros de nuestro Sistema Solar, empezamos a disponer de datos y pruebas científicas para corroborarlo.

Lo trágico es que, durante casi veinte siglos, muy pocos llegaron a darse cuenta de ello y —lo que es más importante— nadie pudo demostrarlo a la luz de la Ciencia o de la Razón.

Y a esta situación —incierta para los que carecían de fe— hubo que sumar, además, tan lamentables errores como las pésimas traducciones, que, sobre los Libros Sagrados, nos han ido legando.

Ahí tenemos —todavía en vigor— las desastrosas transcripciones de algunos de los párrafos de los Evangelios, que hacen alusión, precisamente, a la resurrección de Jesús de Nazaret...

Unos errores —como veremos en el próximo capítulo— que, involuntariamente, por supuesto, nos han mantenido sumidos en una triste oscuridad.

9. UNA PÉSIMA TRADUCCIÓN

Los periodistas sabemos mucho de esto.

¡Cuántas veces llega una primera noticia a la redacción del periódico o a la emisora de radio o de televisión, y poco después, cuando el reportero acude al lugar de los hechos o se entrevista con los afectados, todo cambia! Aquella primitiva noticia o rumor que había circulado por la comunidad estaba viciada. O bien había sido «hinchado el perro» —como se dice en nuestro argot—, o los «espontáneos» de la noticia se habían quedado cortos...

El propio profesional de los medios de comunicación comete un buen número de errores de esta índole a lo largo de su vida. En el rastreo y posterior confección de cualquier información —del tipo que sea—, el periodista puede equivocarse. Podríamos aportar cientos de ejemplos.

En esas desfiguraciones, totales o parciales de los hechos, pueden influir mil razones: desde la mala voluntad o la ignorancia de los testigos y protagonistas, a los intereses económicos, políticos, militares o particulares de unos pocos o de todos. Desde la simple circunstancia de que el hecho haya ocurrido de día o durante la noche, de la presencia o no del reportero en el mismísimo instante de la noticia, de que una palabra o una frase hayan sido bien o mal entendidas...

Para cuando el suceso, en fin, llega hasta el ciudadano a través de las ondas o de la letra impresa, la realidad puede haber experimentado tal mutilación, que no la reconocerían ni los que la han provocado o protagonizado.

Si, para colmo, esa información es traducida posteriormente a otros idiomas, el desastre puede ser total...

Y yo me pregunto: si estas cosas las vivimos hoy —en plena Era tecnológica y donde pueden transmitirse o contemplarse los hechos en el momento en que se producen—, ¿qué habrá pasado en otros siglos, en los que la mayor parte de las noticias circulaban gracias a la transmisión oral, alcanzando los confines del mundo años después de haberse producido?

Y éste es el lamentable caso ocurrido con el Evangelio de san Juan, víctima de una mala traducción y de una no menos desgraciada transcripción...

Y he tropezado con el caso, como creo les ha sucedido a otros investigadores, por puro azar. ¿O es que la casualidad no existe?

Desde niño siempre leí y escuché que los apóstoles —al correr hacia el sepulcro— lo habían encontrado vacío «y las vendas por el suelo...».

Durante muchos años —prácticamente hasta ahora—, ese «detalle» de las vendas por el suelo me había parecido normal. Lógico, casi. Si Jesús de Nazaret se había levantado de la tumba y había resucitado, era normal que las vendas hubieran quedado por allí, ignoradas. En mi ingenuidad infantil siempre di por hecho que Jesús había vuelto a la vida completamente vestido y, posiblemente, con una túnica nueva. La «ocasión», al menos, lo merecía...

En mi casa, generalmente, me enseñaron a identificar las grandes fiestas y solemnidades con el estreno de un traje o de unos simples zapatos...

Pero vayamos al grano.

La traducción textual de ese párrafo del Evangelio de san Juan (versículo 20), dice así:

«El primer día de la semana va María Magdalena de madrugada al sepulcro cuando todavía estaba oscuro, y ve la piedra quitada del sepulcro. Echa a correr y llega donde Simón Pedro y donde el otro discípulo a quien Jesús quería y les dice: "Se han llevado del sepulcro al Señor, y no sabemos dónde le han puesto."

»Salieron Pedro y el otro discípulo, y se encaminaron al sepulcro. Corrían los dos juntos, pero el otro discípulo corrió por delante más rápido que Pedro, y llegó al sepulcro. Se inclinó y vio las vendas en el suelo; pero no entró. Llega también Simón Pedro siguiéndole, entra en el sepulcro y ve las vendas en el suelo, y el sudario que cubrió su cabeza, no junto a las vendas, sino plegado en un lugar aparte. Entonces entró también el otro discípulo, el que había llegado el primero al sepulcro; vio y creyó, pues hasta entonces no había comprendido que según la Escritura Jesús debía resucitar de entre los muertos. Los discípulos, entonces, volvieron a casa.»

Hasta aquí, repito, la versión comúnmente aceptada y que hoy se sigue leyendo en público y privado.

Pero he aquí que si uno consulta el llamado *Códice Alexandrinus*, que data del siglo v o quizá de fines del IV, y que puede ser admirado —¡cómo no!— en el Museo Británico, en Londres, la versión no es la misma.

He aquí el texto íntegro y textual del párrafo que nos ocupa (san Juan XX, 3-8), según el mencionado *Códice:*

«Salieron, pues, Pedro y el otro discípulo y fueron al sepulcro.

»Corrían los dos juntos, y el otro discípulo se adelantó más velozmente a Pedro y llegó primero al monumento y agachándose ve LOS LIENZOS ALLANADOS. Pero no entró. Llega, pues, Simón Pedro siguiéndole y entró en el sepulcro y contempla LOS LIENZOS ALLANADOS y EL SUDARIO que estuvo sobre la cabeza de Él, NO, al igual que los LIENZOS, ALLANADO, sino al contrario, ENROLLADO EN SU PROPIO LUGAR. Entonces, pues, entró también el otro discípulo, quien llegara primero al sepulcro. Y VIO Y CREYÓ.»

Las matizaciones, en este caso, de las palabras resultan de una importancia trascendental.

Tal y como fue escrita en el *Códice Alexandrinus*, la palabra griega *othonia* significa «lienzos» y no vendas, como se ha venido traduciendo. Así lo tradujo san Jerónimo en la versión Vulgata...

Pero, por esas cosas de la vida, hoy tenemos «nuestra» propia versión.

También a san Lucas le han enmendado la plana. Y en el versículo XXIV, 18, la palabra «lienzos» es traducida por «vendas».

Pero sigamos con san Juan.

Está claro, consultando este *Códice*, que la expresión «lienzos» hacía referencia a toda una pieza o sábana. Cuando el «reportero» Juan quiere hablar de «vendas» o «fajas» —caso de la resurrección de Lázaro (Juan, XI, 44)—, utiliza la palabra griega propia: *keirai*.

Una vez aclarado el primer «traspiés» de los traductores, sigamos con el entuerto.

En las versiones actuales, «las vendas estaban por el suelo».

Nada de eso. El *Códice Alexandrinus* repite por dos veces que los «lienzos estaban ALLANADOS». Y para ello se utiliza el término griego adecuado: *keimena*. Este verbo —según el magistral estudio del P. M. Balagué— significa primariamente yacer, estar tendido, sentado, extendido, horizontal, dormir, estar depositado.

También se dice de una cosa llana, por oposición a una elevada, erecta; del mar en calma por oposición al hinchado.

En otras palabras, tanto Juan como Simón Pedro vieron los lienzos allanados, yacientes, lacios, caídos, deshinchados, planos...

Y esta matización, como digo, tiene una muy especial importancia porque —además de ser la verdad— ha sido recientemente ratificada por los científicos que trabajan en la NASA.

Si el lienzo o sábana aparecía allanado o «deshinchado», y si horas antes presentaba un aspecto abultado, envolviendo el cadáver del Nazareno, era más que comprensible el asombro de los discípulos: el cuerpo se había «volatilizado»...

Imagino que ni Pedro ni Juan hubieran «creído» al entrar en la cámara funeraria, si «las vendas —como nos han traducido— tan sólo hubieran estado desperdigadas por el suelo».

No es que los discípulos fueran unas lumbreras —supongo—, pero tampoco debían de ser tontos de capirote...

Si el amigo Juan hubiese visto los lienzos «tirados por el suelo», en vez de creer en «algo» milagroso o sobrenatural —no es lógico que pensase en ese momento en la Resurrección— habría «creído» que alguien se había apoderado del cadáver del Maestro.

Elemental...

Parece, sin embargo, que algunos «padres latinos» de la Iglesia —entre los que se encontraba san Agustín— no andaban muy fuertes en griego... Y ahí tenemos esa lamentable traducción para probarlo.

¿Qué había ocurrido en el sepulcro para que el lienzo de lino apareciese allanado o «desinflado»?

Si el «hombre de la sábana» no hubiera estado muerto —cosa imposible y ya demostrada suficientemente—, y al cabo de esas 36 horas hubiera «vuelto» a la conciencia, lo primero que habría intentado, supongo, hubiera sido quitarse de encima el lienzo. En ese caso —y suponiendo, que ya es mucho suponer, que hubiera podido incorporarse, llegar a la salida, empujar los mil kilos quizá que pesaba la rueda de molino de la puerta, aterrorizar a los soldados y escapar—, el lienzo sí habría quedado caído, y, de cualquier forma, por el piso de la gruta.

Pero no. Los dos testigos afirman que la sábana aparecía allanada. Misteriosamente «deshinchada». La parte superior del lienzo «se había venido abajo» al esfumarse el cadáver sobre el que reposaba.

Pero el desafuero de los traductores no termina ahí. Una parte de la «noticia» transmitida en el *Códice Alexandrinus* ha quedado también muy mal parada.

Y Simón Pedro llegó después al sepulcro. Y dice el *Códice* que contempló «los lienzos allanados y el sudario que estuvo sobre la cabeza de Él, no, al igual que los lienzos, allanado, sino al contrario, enrollado en su propio lugar».

Cualquier parecido, como se ve, con la transcripción moderna es pura coincidencia.

Ni el bueno de Pedro vio las «vendas por tierra», ni el «sudario plegado y en otra parte»...

152

Lo que vio fue muy diferente. Y precisamente aquello tan insólito que dice que vio fue lo que lógicamente le pudo hacer creer...

Y estamos en lo de antes. Como dicen los italianos: *traduttore, traditore.*

Analicemos con lupa esas frases del *Códice.*

Para empezar, hoy entendemos por «sudario» la totalidad de la mortaja que suele cubrir los cadáveres. Pero entonces no tenía ese sentido. La palabra utilizada por el evangelista —*Soudarion*— no es griega, sino latina. (Hoy, con las modernas «colonizaciones», nos llega la «Coca-Cola». Entonces, con los romanos, entraba el latín...)

Y el sudario no era otra cosa sino un pañolón o pañuelo para secarse el sudor. Una prenda de uso común en una tierra como Palestina, donde el calor aprieta lo suyo. Y mucho más en el desierto.

Ese sudario —«que estuvo sobre la cabeza de Él»— ha sido detectado ahora por el famoso VP-8 de la NASA y, en efecto, debió de sujetar la mandíbula del Nazareno, cerrando así su boca.

Pero ese pañolón o sudario —dicen los discípulos— no estaba, como el lienzo o sábana, allanado o «deshinchado», sino «enrollado»..., en su propio lugar.

Es obvio que para sujetar la mandíbula —y con un máximo de firmeza— había que enrollar la cabeza. Lo extraño —que debió de «fundir» también los circuitos cerebrales de Simón Pedro y de Juan— era que el citado pañolón estuviera donde siempre había estado antes de la «desaparición» del Maestro: en su lugar y bajo la parte superior del lienzo, conservando, incluso, la posición que había mantenido el cráneo de Jesús.

Aquello hacía más patente aún la «evaporización» del cadáver. Era —utilizando un símil— como si alguien hubiera podido absorber la totalidad del cuerpo con una jeringuilla...

Este «espectáculo» que vieron los discípulos al penetrar en la gruta —y no el que nos han brindado los traductores— sí era como para creer o enloquecer...

Y a la vista de todo esto regresaron las viejas dudas a mi corazón.

«¿Cuántos pasajes más del Antiguo y Nuevo Testamento habrán sido mal traducidos o peor interpretados por traductores y teólogos?»

¿Cuántos hechos de la vida de Jesús de Nazaret pudieron ocurrir de forma diferente a como hoy los conocemos?

Su «mensaje», ¿ha sido traducido o transcrito a nuestros días e idiomas modernos con absoluta y total fidelidad?

Y una última y excitante incógnita: además de los apóstoles, ¿quiénes «colaboraron» con Jesús en el gran «plan» de la Redención de esta Humanidad?

Este planteamiento abre la segunda parte del presente «reportaje» sobre el Ungido.

SEGUNDA PARTE

AHORA, QUIZÁ, PODRÍAMOS EMPEZAR A ENTENDERLO...

Cuando nos decidimos a dejar de creer en algo que hasta ese momento hemos creído, nos damos cuenta, de pronto, no sólo de las razones que había para no creer, sino de que esas razones las teníamos constantemente ante nuestros ojos.

GEORGE BERNARD SHAW

Quizá esté equivocado. O quizá no lo suficientemente preparado. Quizá anida todavía en el fondo de mi código genético lo que Freud describió como «condicionamientos de índole familiar, económica, cultural y religiosa». Quizá no he podido arrancar aún de mi espíritu el «tótem» del convencionalismo.

No sé...

Y quizá por todo ello he sentido cierto temor a la hora de iniciar esta segunda parte del «reportaje» sobre Jesús de Nazaret.

Temor, por encima de todo, no al ridículo, sino a la posibilidad de sembrar confusión. No es ésa mi voluntad. Al contrario. Si algo pretendo, es buscar, aproximarme, descubrir la Verdad.

Y una «fuerza» que no puedo describir, pero que

se ha apoderado de mí, me está empujando desde hace tiempo a hacer públicas estas ideas y meditaciones. Una «fuerza» infinitamente más grande que mi temor...

Al revés de lo que sucede con las experiencias de la NASA sobre la Sábana de Turín, que nadie considere los estudios que ahora expongo como algo probado o dogmático. Si acaso, como una hermosa posibilidad. Como el fruto de miles de kilómetros y horas de investigación personal. Como la sombra de mis pensamientos y de mis deseos...

Quizá hoy —en los primeros pasos de la conquista del Sistema Solar— estamos empezando a entender lo que, hasta ahora, sólo fue «misterio».

1. UN «CHEQUEO» A LA LLAMADA «ESTRELLA» DE BELÉN

Si lee uno los Evangelios, es evidente —está escrito— que Jesús de Nazaret estuvo unido desde antes de su nacimiento a hechos «milagrosos», «sobrenaturales» o, por lo menos, «misteriosos».

Quizá el primero y más tangible acaeció con su llegada a este mundo.

Pero atengámonos estrictamente a lo que fue escrito por los evangelistas Mateo y Lucas.

Dice así el primero:

«Nacido Jesús en Belén de Judea, en tiempos del rey Herodes, unos magos que venían del Oriente se presentaron en Jerusalén, diciendo: "¿Dónde está el rey de los judíos que ha nacido? Pues vimos su estrella en el Oriente y hemos venido a adorarle."»

Y prosigue más adelante el versículo 2:

«Entonces Herodes llamó aparte a los magos, y por sus datos precisó el tiempo de la aparición de la estrella. Después, enviándolos a Belén, les dijo: "Id e indagad cuidadosamente sobre ese niño; y cuando le encontréis, comunicádmelo, para ir también yo a adorarle." Ellos, después de oír al rey, se pusieron en camino, y he aquí que la estrella que habían visto en el Oriente iba delante de ellos, hasta que llegó y se detuvo encima del lugar donde estaba el niño. Al ver la estrella, se llenaron de inmensa alegría.»

Por su parte, el evangelista san Lucas nos cuenta en su también versículo 2:

«... Había en la misma comarca unos pastores, que dormían al raso y vigilaban por turno durante la noche su rebaño. Se les presentó el Ángel del Señor, y la gloria del Señor los envolvió en su luz; y se llenaron de temor. El ángel les dijo: "No temáis, pues os anuncio una gran alegría, que lo será para todo el pueblo: os ha nacido hoy, en la ciudad de David, un Salvador, que es el Cristo Señor; y esto os servirá de señal: encontraréis un niño envuelto en pañales y acostado en un pesebre." Y de pronto se juntó con el ángel una multitud del ejército celestial, que alababa a Dios, diciendo:

»"Gloria a Dios en las alturas, y en la tierra paz a los hombres en quienes él se complace."

»Y sucedió que cuando los ángeles, dejándoles, se fueron al cielo, los pastores se decían unos a otros: "Vayamos, pues, hasta Belén y veamos lo que ha sucedido y el Señor nos ha manifestado."»

Durante siglos, la estrella que menciona san Mateo ha pasado poco menos que inadvertida, desde el prisma astronómico. Todo el mundo —durante dos mil años— ha aceptado, y de buen grado, la realidad de esa estrella. Pero muy pocos trataron de hallar una explicación científica, suponiendo que la hubiera.

La «estrella de Belén» ha sido y es un hecho absoluta y generalmente aceptado.

Pero, conforme nos vamos «acercando» a los soles que forman nuestra galaxia —mediante la escalada espacial—, los investigadores y astrofísicos se preguntan:

«¿Cómo una estrella —un sol en definitiva— pudo guiar a unos magos? ¿Cómo podía ir "delante" de ellos y, especialmente, cómo se "detuvo encima del lugar donde estaba el Niño"?»

Antes de llegar a ninguna posible conclusión, examinemos —una por una— todas las posibilidades, desde un punto de vista racional y consecuente.

La «estrella» de Belén, ¿era una estrella (un sol)?

Hoy sabemos que las estrellas —considerándolas desde el punto de vista astronómico— son soles parecidos al nuestro. Son, en definitiva, grandes condensaciones de materia que emiten luz a causa de su elevada temperatura. Parece que en ellas se concentra la mayor parte de la materia que constituye el Universo, aunque este punto se halla aún sujeto a discusión.

Por supuesto, que las estrellas no emiten únicamente luz visible, sino también todo tipo de radiaciones: desde ondas de radio, hasta rayos X.

Pero vayamos a lo que interesa.

La Astronomía establece hoy que el tamaño de las diferentes estrellas puede oscilar entre unos pocos kilómetros y mil veces el de nuestro Sol. Es decir, hasta unos 700 millones de kilómetros...

Sabemos también, en especial a partir de 1937, con los trabajos de Bethe y de Von Weizsäcker, que los procesos que mantienen a las estrellas como objetos luminosos durante miles de millones de años no son otros, en suma, que las reacciones termonucleares de fusión entre diferentes elementos químicos.

De ahí también sus altas temperaturas. El Sol que nos alumbra y sostiene, por ejemplo, alcanza en su corona (zona externa inmediata a la superficie) temperaturas de hasta un millón de grados.

Y nuestro Sol —como dice la Astronomía— es una «simple» estrella de «tipo medio»...

Resulta absurdo —desde un punto de vista científico— pensar que una de estas estrellas o soles haya podido aproximarse, no ya a nuestro planeta, sino al propio Sistema Solar que constituye nuestro «barrio» sideral. Si cualquiera de los 100.000 millones de estrellas que parece conforman nuestra galaxia hubiera abandonado su posición inicial para «llegar» hasta Belén, la «intrusa» habría desencadenado un apocalíptico desastre cósmico, mucho antes de divisar nuestro Sistema Planetario.

Y, lógicamente, Belén y el resto del planeta hubieran quizá desaparecido del mapa celeste...

Basta asomarse hoy al firmamento para saber que la estrella o sol más próximo a nosotros —algo así como nuestro «vecino» de escalera— dista algo más de cuatro años-luz. Ese «vecino» —Alfa del Centauro—, suponiendo que hubiera podido llegar hasta nuestro mundo, habría necesitado, además, y viajando a la velocidad de la luz (300.000 kilómetros por segundo), un total de cuatro años.

Y según las cartas de todos los astrónomos, la «vecina de escalera» no se ha movido de su sitio desde que el hombre tuvo la posibilidad de mirar hacia las estrellas...

Es cierto que Dios puede lograrlo todo. Incluso, que un sol de millones de kilómetros de diámetro y altísimas temperaturas, pueda cruzar los espacios y «guiar» a unos magos de Oriente.

Sin embargo, algo me dice que Dios tiene que ser bastante más sensato...

¿Podía tratarse de un cometa?

Después de contemplar la imposibilidad de que la «estrella» de Belén fuera un sol, nos queda también la hipótesis de que «aquello» se tratara en realidad de un cometa. En nuestros «árboles de Navidad» y «nacimientos», casi siempre representamos esa «estrella» con una larga estela o cola.

Pero, ¿qué dicen los astrónomos?

Cuantos estudian el firmamento saben que un cometa, cuando todavía se encuentra muy alejado del Sol (en las proximidades de Plutón o más lejos), está constituido simplemente por una agregación de cuerpos rocosos —el llamado «núcleo»—, cuya estructura no se conoce todavía con seguridad.

Al aproximarse ese núcleo cometario a nuestro Sol, la energía radiante solar hace que del mismo se desprendan gases y pequeñas partículas sólidas, los cuales quedan gravitando a su alrededor y dan lugar a la llamada «cabellera» del cometa.

Al llegar a la órbita de Júpiter, esta «cabellera» se desarrolla ampliamente, y en algunas ocasiones alcanza una longitud superior a los 150.000 kilómetros.

A una distancia del Sol de dos unidades astronómicas (unos 300 millones de kilómetros), a partir de la «cabellera» del cometa surge y se desarrolla una estrecha «cola», también a expensas de la materia del núcleo. Y se extiende en dirección opuesta al Sol, a lo largo de varios millones de kilómetros.

¿Qué quiere decir esto?

Sencillamente, que la existencia de un cometa —por muy pequeño que éste sea— lleva implícita unas dimensiones gigantescas, del todo ajenas a las características descritas por san Mateo en el Evangelio para la famosa «estrella» de Belén.

163

Y hay que añadir, por supuesto, que ningún cometa ingresa en la atmósfera terrestre sin ocasionar su autodestrucción, así como un sinfín de serias perturbaciones. Ahí tenemos el ejemplo del cometa Halley, que «tocó» las últimas capas de la atmósfera con su «cola» en 1911 y provocó un histerismo mundial...

Si la «estrella» de Belén hubiera sido un cometa, su proximidad al mundo habría sido delatada por la inmensa mayoría de los pueblos. Y su paso figuraría hoy en los anales de la Historia. Hecho éste que no consta.

Las únicas referencias históricas a la presencia de cometas en las épocas inmediatamente anteriores y posteriores al nacimiento de Jesús de Nazaret son las siguientes:

Después del asesinato de César, a poco de los idus[1] del mes de marzo del año 44 antes de J. C., apareció un brillante cometa. En el año 17 de nuestra Era surgió también, de repente, otro, con una magnífica cola que, en los países mediterráneos, pudo observarse durante toda una noche.

El siguiente en importancia —al menos que nos conste históricamente— fue visto en el año 66, poco antes del suicidio de Nerón.

Y en el intermedio se produjo un relato de mucha precisión, procedente de los astrónomos chinos.

En la enciclopedia Wen-hien-thung-khao, del sabio Ma tuan-lin, se cuenta lo siguiente sobre dicha aparición:

«En los primeros años del (emperador) Yven-yen, en el séptimo mes, el día Sin-uei (25 de agosto), fue visto un cometa en la parte del cielo Tung-tsing (cerca de Mu de la constelación de los Gemelos). Se des-

___

[1] Idus. En el antiguo cómputo romano, el día 15 de marzo, mayo, julio y octubre, y el 13 de los demás meses.

plazó sobre los U-Tschui-Heu (los Gemelos), salió de entre Ho-su (constelaciones Castor y Pólux) y emprendió su carrera hacia el Norte y penetró en el grupo Hienyuen (Cabeza del León) y en la casa Thaiouei (Cola del León)...

»En el 56.º día desapareció en el Dragón Azul (Constelación Escorpión). En conjunto, el cometa fue observado durante 63 días.»

El detallado relato de la antigua China contiene —según ha podido averiguarse modernamente— la primera descripción del célebre cometa Halley, el vistoso astro que pasa por las «cercanías» del Sol cada 76 años y que ha sido visto, efectivamente, desde la Tierra. La última vez que surgió, como relataba anteriormente, fue del año 1909 al 1911. Volverá en 1986.[*]

Sin embargo, los cometas, aunque tengan un carácter cíclico como el Halley y unas dimensiones tan considerables, no siempre son vistos por todo el mundo. Así, en el año 12 antes de J. C., el Halley constituyó un acontecimiento celeste y fue visible con todo detalle. En cambio, ni en los países del Mediterráneo, ni en Mesopotamia, ni en Egipto se hace mención, en aquella época, a un cuerpo sideral tan luminoso e impresionante.

En cambio, para el mundo del esoterismo sí puede resultar importante —quizá trascendental y altamente significativo— que ese formidable Halley pase sobre nuestro mundo poco antes del nacimiento de Jesús...

Y para concluir este apartado, hagamos una nueva pregunta: ¿qué cometa podría «guiar» a unos magos, desaparecer del firmamento al llegar a la ciudad de Jerusalén y, poco después, cuando estos magos reem-

---

[*] Téngase en cuenta, a efectos de esta fecha y de otras similares, que este libro se escribió en 1979. *(N. del E.)*

prendieron el viaje hacia la aldea de Belén, presentarse de nuevo ante la caravana, marcándoles el rumbo?

Y como filigrana cósmica final, el «cometa» se
«detuvo encima del lugar donde estaba el niño»...

«Demasiado» para un cometa, como dice ahora la
juventud.

¿Vieron los magos un meteoro o un meteorito?

Este intento de justificación «razonable» de la
«estrella» que vieron y siguieron los Magos llegados
del Oriente se nos antoja más descabellado, incluso,
que los anteriores.

Los meteoros —reza la Ciencia— son minúsculas
partículas, del tamaño de una cabeza de alfiler, metá-
licas o pétreas, que aparecen sólo visibles cuando pe-
netran en la atmósfera terrestre, a velocidad de algunas decenas de miles de kilómetros por hora.

El calor que se produce en el roce con la atmósfera los pone incandescentes. Y trazan entonces en el
cielo nocturno estas estelas luminosas tan conocidas
con el nombre de «estrellas fugaces».

Por el contrario, los meteoritos alcanzan a veces
dimensiones de algunos metros y, por tanto, son
siempre lo suficientemente grandes para no consu-
mirse por completo durante su caída.

Cuando un meteoro entra en la atmósfera de
nuestro mundo, tiene la misma velocidad que un
cuerpo en órbita alrededor del sol, a una distancia
igual a la de la Tierra. Esta velocidad depende del
tipo de órbita. Para las circulares —como la terrestre— es de 30 kilómetros por segundo. Si es una órbita parabólica, la velocidad de caída del meteoro o
meteorito será de 42 kilómetros por segundo. Para

que nos entendamos mejor: esos meteoros que vemos rasgar con su luz las noches de verano caen a la friolera de ¡150.000 kilómetros por hora!

Naturalmente, la visión de esa caída apenas se prolonga unos segundos o décimas de segundo.

Y si el meteorito es ya de dimensiones respetables, el asunto se envenena mucho más...

A esa espeluznante velocidad de caída hay que sumar su peso, a veces de hasta un millón de toneladas. Es mundialmente famoso, por ejemplo, el caído el 12 de febrero de 1947 en la Siberia Sudoriental. El meteorito se fraccionó en el aire en multitud de pedazos, que cayeron sobre tierra como una lluvia de hierro. Se cubrió de agujeros y cráteres un área de un kilómetro cuadrado, de los que el más grande tiene un diámetro de 27 metros.

Sobradamente conocido es también el cráter meteórico de **Arizona**. Alcanza un diámetro de 1.250 metros y una profundidad de 170. Se estima que la cantidad total de fragmentos encontrados alrededor del cráter pesa, aproximadamente, 12.000 toneladas.

Y así podríamos seguir enumerando multitud de casos.

Es evidente que ningún meteoro o meteorito habría podido sostener un «vuelo horizontal», guiando a una caravana y —para colmo— pararse sobre un establo...

La «estrella» de Belén, ¿pudo ser una nova o una supernova?

Imagino que los astrofísicos y entendidos en la materia que lleguen a leer este trabajo habrán esbozado una indulgente sonrisa. Y tienen razón.

Como señalaba al desarrollar la primera posibilidad —la de que estuviéramos ante un sol o estrella—, no podemos olvidar en ningún momento que sería catastrófica la aproximación de uno de estos gigantescos astros a nuestro Sistema.

Con más razón, por tanto, si el fenómeno pudiera ser identificado con una supernova o con una nova.

Dice la Astrofísica del siglo xx:

«Las modernas teorías de la evolución estelar predicen, para gran número de estrellas (al menos para aquellas cuya masa, al llegar a la secuencia principal, superan en más de cuatro veces la de nuestro Sol), una explosión como etapa final de sus vidas. Este resultado no deja de plantear numerosos problemas, pero parece dar la clave de uno de los fenómenos más espectaculares estudiados por la Astronomía: las supernovas.

»Una supernova es una estrella en la que se produce un aumento rápido —en unos pocos días— y extraordinariamente grande (varios millones de veces) de su brillo, seguido también de una rápida extinción.»

Se trata de algo relativamente poco frecuente. En los últimos mil años, por ejemplo, en nuestra galaxia sólo se han observado tres supernovas. La primera en el año 1054 y fue estudiada por los astrónomos chinos y japoneses. Los restos de esta explosión constituyen la nebulosa del Cangrejo, aún en expansión...

La segunda apareció en la constelación de Casiopea, en 1572. La tercera, en la zona de Sagitario, fue observada en 1904. Actualmente se admite que —por término medio— en una galaxia aparece una supernova cada 30 años.

En cuanto a las estrellas denominadas novas son, en su apariencia inmediata, muy semejantes a las supernovas, aunque a una escala mucho menor. Su luminosidad aumenta de 10.000 hasta 100.000 veces la inicial. Pero, a diferencia también de las supernovas, constituyen un fenómeno que se repite al cabo de cierto número de años.

Conclusión: ninguna nova o supernova puede registrarse dentro de nuestro Sistema Solar. Entre otras razones, porque en este «barrio» planetario donde se mueve la «vieja canica azul» que llamamos Tierra, no hay ni ha habido este tipo de estrellas. La única de que disponemos —y ojalá nos dure mucho tiempo— es esa que aparece cada amanecer y que produce (o producía) sustanciosas divisas en la Costa del Sol...

Tratar de asociar la «estrella» que marchaba delante de los Magos, rumbo a Belén, con una nova o supernova viene a ser como confundir a la Sofía Loren con un servidor de ustedes...

Que el estallido de una de estas estrellas en el firmamento —a miles de millones de años-luz de nuestro planeta— alertara a los Magos y les pusiera en camino, en busca del Rey de los judíos, es otro problema a discutir. Pero esta apreciación prefiero analizarla en el próximo apartado: el de una posible «conjunción» planetaria.

¿Fue una «conjunción» planetaria?

He aquí un debate interesante.

Hoy, astronómicamente hablando, se conoce como «conjunción» el hecho de que dos planetas se sitúen en el mismo grado de longitud.

O, para ser más claros, que se «acerquen» o alineen tanto entre sí, que puedan llegar a parecer una única estrella de gran luminosidad.

¿Fue esto lo que vieron y lo que «guió» a los Magos?

No nos precipitemos —al menos por ahora— en la emisión de un juicio. Y empecemos por el principio...

La historia de la «conjunción» planetaria se puso de moda en el mundo a raíz del descubrimiento hecho por el matemático imperial y astrónomo Juan Kepler.

La noche del 17 de diciembre de 1603, el célebre personaje estaba sentado en el Hradschin de Praga, sobre el río Moldava. Y observaba con gran atención la aproximación de dos planetas. Aquella noche, Saturno y Júpiter se dieron cita en la constelación de los Peces.

Y al volver a calcular sus posiciones, Kepler descubre un relato del rabino Abarbanel que da pormenores sobre una extraordinaria influencia que los astrólogos judíos atribuían a la misma constelación. «El Mesías —aseguraban— tendría que venir durante una conjunción de Saturno y Júpiter, en la constelación de los Peces.»

Y Kepler pensó:

«La conjunción ocurrida en la época del natalicio del Niño Jesús, ¿habría sido la misma que ahora se repetía en 1603?»

El astrónomo tomó papel y lápiz e hizo los cálculos necesarios.

Resultado: observación de una triple «conjunción» dentro de un mismo año. Y el cálculo astronómico señaló la fecha del año 7 antes de J. C., para este fenómeno.

Según las tablas astrológicas, tuvo que haber ocurrido el año 6 antes de J. C.

Kepler se decidió entonces por el año 6 y remitió la concepción de María al año 7 antes de J. C.

Y el matemático dio a conocer su fascinante descubrimiento en una porción de libros y artículos. Pero Kepler fue «víctima» de una crisis de misticismo y —como suele ocurrir en estos casos— sus hipótesis y hallazgos cayeron en el olvido o fueron menospreciados.

Y llegó el siglo XX. Y, con él, otro descubrimiento que vendría a reivindicar lo dicho por Kepler: en 1925, el erudito alemán P. Schnabel descifró unos trozos cuneiformes, procedentes de un célebre «Instituto Técnico» de la antigua escuela de Astrología de Sippar, en Babilonia. Allí había una noticia sorprendente.

Se trataba de la situación de los planetas en la constelación de los Peces. Los planetas Júpiter y Saturno vienen cuidadosamente señalados durante un período de cinco meses. Y esto ocurre —referido a nuestro cómputo— en el año 7 antes del nacimiento de Jesús de Nazaret.

El hallazgo era tan importante, que buena parte de la Astronomía oficial se volcó en la comprobación del cálculo. Y merced a los ultramodernos «planetarios» se ratificó —para satisfacción de todos, a excepción del ya difunto Kepler, claro— que en el año 7 antes de nuestra Era hubo una «conjunción» de Júpiter y de Saturno en la constelación de los Peces y, como había calculado el matemático del siglo XVII, se repitió por tres veces. Y parece ser que dicha «conjunción» debió de ser visible en condiciones muy favorables desde el espacio del Mediterráneo.

Según esos cálculos astronómicos modernos, las tres «conjunciones» citadas se produjeron en las siguientes fechas:

El 29 de mayo del año 7 antes de J. C. tuvo lugar, visible durante dos horas, la primera aproximación de los planetas.

La segunda «conjunción» se registró el 3 de octubre, a los 18 grados, en la constelación de los Peces. El 4 de diciembre tenía lugar la tercera y última.

El hallazgo astronómico —importante en sí mismo, qué duda cabe— ha servido para que muchos estudiosos de las Sagradas Escrituras hayan asociado esta triple «conjunción» con la «estrella» de Belén.

A ello ha contribuido —¡y de qué forma!— la no menos importante confirmación de que Jesús no nació en el año cero de nuestra era, como se creía, sino —precisamente— entre los años menos 6 o menos 7.

Y hagamos un paréntesis para desarrollar —muy brevemente— este lapsus histórico.

La cronología cristiana, inaugurada por iniciativa del monje Dionisio el Exiguo en el siglo VI, atribuye el año 1 al que sigue al instante del nacimiento de Jesús en Belén de Judá. Arrinconaba así las antiguas cronologías de las Olimpíadas griegas o de la fundación de Roma. Y fue mundialmente aceptada.

Sin embargo, esa fecha tiene un error. Dionisio el Exiguo se equivocó. Todos los historiadores admiten que Herodes el Grande murió en el año 4 antes de J. C. Y Jesús, según reza en los Evangelios, nació en tiempos de Herodes, que, además, le persiguió para matarle. Esto quiere decir que el Nazareno tuvo que venir a este mundo, no al comienzo del año 1, como decía el monje Dionisio, sino antes del año «menos 4».

¿Cuánto tiempo antes?

El Evangelio dice (Mateo 2, 16) que Herodes, conforme a los datos averiguados de los magos de Oriente, mandó matar a los niños que no pasaban de los dos años de edad. Esto significa que hay que retrasar el momento del nacimiento de Jesús de Belén a uno o dos años antes de la muerte del tirano cruel y astuto Herodes. Exactamente, entre los ya referidos años –6 o –7 de la actual Era cristiana.

Como una de las bases de esta afirmación citaré los datos aportados por el historiador judío «romanizado» Flavio Josefo en torno a la muerte de Herodes el Grande:

«Herodes —dice Josefo, que fue contemporáneo de los apóstoles en gran parte de su vida— recibió el reino (30 o 40 leguas de longitud) de los romanos en el año de la Olimpíada griega 184, siendo cónsules Domicio Calvino por segunda vez y Asinio Polión» (véase su libro *Antigüedades judías*, XIV, 14, 5).

Pues bien, la fecha inicial de las Olimpíadas corresponde al año «menos 773» de la Era cristiana actual. Y el señalado por Flavio Josefo para el comienzo del reino de Herodes se identifica históricamente con el «menos 40» actual. (Sabemos también el año de los cónsules romanos citados y el de las Olimpíadas, por la cita de Flavio, y corresponde al –40.)

¿Cómo llegamos a concretarlo?

El mismo historiador judío nos lo dice. Después de facilitar la fecha del comienzo del reinado, añade la de la muerte de Herodes: –4 de la Era cristiana.

Dice Josefo:

«Después de todo esto, murió en el quinto día, después de mandar matar a Antípatro (hijo suyo), habiendo reinado 37 años desde que recibió el "reino de los romanos".»

Este día preciso de la muerte de Herodes se ha podido concretar con certeza. Poco antes de su desaparición —no más de un mes—, cuando ya estaba en sus últimos furores, aconteció un grave suceso.

Creyendo que había muerto —cuenta Flavio—, un grupo numeroso de jóvenes se descolgó en el Templo y, a hachazos, cortaron y derribaron un águila romana de oro instalada allí. Fueron aconsejados por los doctores de la Ley, que no podían sufrir aquel sacrilegio.

Pero Herodes vivía. Y su cólera y decisión fueron inenarrables.

Mandó quemar vivos a los doctores y a los principales jóvenes y matar el resto de muy diferentes formas...

Este grado de bestialismo en Herodes el Grande no puede asombrarnos, puesto que —además de la matanza de los bebés de Belén (más de 300)—, mandó eliminar a numerosos amigos y deudos.

Entre otros, por ejemplo, a su mujer —la hermosa Mariamme—, que fue decapitada. Y a sus dos hijos, a quienes estranguló. Cinco días antes de su muerte —como asegura Flavio Josefo— ordenó también el suplicio de su tercer hijo, Antípatro.

Pero su odio y locura fueron tales que, queriendo que se llorase su muerte, no se le ocurrió mejor forma de lograrlo que dejar escrito que fueran reunidos en el hipódromo de Jericó los principales y notables de la nación y allí, pasarlos a cuchillo cuando él hubiera expirado. Con este «sistema», el duelo sería general...

Pero cuando el monstruo murió, su hermana Salomé ocultó su muerte por espacio de un día. Sustrajo el anillo real y selló la orden de liberación.

Y dice Josefo que —una vez quemados vivos los doctores y «cabecillas» del atentado del Templo—, Herodes murió antes de que pasase un mes. La fecha de su muerte, poco antes del día de Pascua o de la Luna llena, fue considerado por el pueblo como un castigo de Dios. Porque, además —añade el historiador en su libro—, «en el día en que mandó quemar a los doctores de la ley hubo un eclipse de luna». Entonces, este fenómeno era considerado como importante.

Este dato ha permitido controlar la fecha con gran precisión. Y los astrónomos modernos han fijado dicho día del eclipse en el 13 de marzo (Luna llena) del año «menos 4» de nuestra Era.

Herodes murió antes de un mes: poco antes de la Pascua, que fue el 11 de abril (14 de Nisán). Todo encaja, por tanto.

Este error en las fechas del calendario del monje Dionisio el Exiguo nos conduce, además, a otras curiosas conclusiones. Por ejemplo, y demostrado que el nacimiento de Cristo ocurrió entre los años –6 o –7, la conmemoración del bimilenario de dicho alumbramiento no será en el año 2000, como todos creíamos, sino en los años 1994 o 1993.

Si tenemos en cuenta que la Virgen María no tendría más allá de los 14 años cumplidos —como era la costumbre judía— cuando dio a luz a su hijo primogénito, esto quiere decir que el bimilenario del nacimiento de María hay que centrarlo en el año 1980.

Y el bimilenario de su concepción habría que celebrarlo igualmente un año antes: entre 1979 y 1980.

Como conclusión de esta «escapada» histórica, podemos afirmar que Jesús de Nazaret fue muerto cuando corría el año 30 de nuestra Era. Los astrónomos modernos han puntualizado, además, que sólo en ese año y en el 34 coincidió la Pascua con sábado, tal y como se narra en los Evangelios. El año 34 era ya demasiado tarde.

Según esto, el Nazareno vivió unos 34 o 35 años cumplidos y no 33, como se creía hasta ahora.

Pero regresemos al tema central que nos ocupa: la «estrella» de Belén.

Decía que en estos tiempos en que vivimos, una

de las teorías más aceptadas es la que «identifica» dicha «estrella» con la ya mencionada «conjunción» planetaria descubierta por Kepler.

Y aunque el planteamiento es científicamente aceptable, e incluso convincente, también aparecen en él puntos oscuros...

Veamos algunos.

Concedamos que los Magos (sin duda, astrónomos y astrólogos) radicaban en la ciudad de Sippar, en la floreciente Babilonia, donde han sido halladas las tablillas que confirmaron el descubrimiento de Kepler.

Si dichos Magos habían visto la «estrella» —perdón, la «conjunción»— en el Oriente, tal y como le notificaron a Herodes, ¿por qué no se pusieron en camino hacia el Oriente? ¿Por qué, en cambio, tomaron el rumbo opuesto: hacia Occidente?

Pero los exegetas e intérpretes de la Biblia tienen respuesta para todo. Como decía mi abuela, «más salidas que los toreros...». Y he aquí la esgrimida para esta contingencia:

«Los observadores del cielo en Oriente, como astrólogos que eran, atribuían a cada estrella un significado especial. Según la opinión predominante en Caldea, la constelación de los Peces era el signo de la Tierra de Occidente, de las tierras del Mediterráneo. Según la tradición judía, era el signo de Israel, el signo del Mesías. La constelación de los Peces está al final de una vieja trayectoria del Sol y al principio de una nueva. ¡Nada más propio para considerar aquel signo como el fin de una Era y el principio de otra! (asegura el especialista Werner Keller).

»Júpiter era considerado por todos los pueblos y en todos los tiempos como la estrella de la fortuna y de la realeza. Según las antiguas tradiciones de los judíos, Saturno tenía que proteger a Israel; Tácito lo pone al mismo nivel que al Dios de los judíos. La Astrología babilónica considera al planeta del anillo como estrella especial de los vecinos países de Siria y Palestina.

»Desde Nabucodonosor, muchos millares de judíos vivían en Babilonia. Muchos de entre ellos pueden haber realizado sus estudios en la citada Escuela astrológica de Sippar. Una aproximación tan esplendente de Júpiter y Saturno —el protector del pueblo de Israel— en la constelación del "País de Occidente", del Mesías, tiene que haber conmovido a los astrólogos judíos. Pues según la interpretación astrológica significaba la aparición de un rey poderoso en la Tierra de Occidente, en la de sus padres. ¡Asistir a ello, verlo con sus propios ojos, ése fue el motivo del viaje de los Magos —concluye Keller—, conocedores de las estrellas, procedentes del Oriente!»

Hasta aquí, el argumento de los exegetas.

Pero vayamos por partes.

Al margen de esas especulaciones astrológicas sobre las influencias, protecciones y creencias en torno a constelaciones y planetas, lo que ya resulta más difícil de probar es que los citados Magos o astrónomos fueran precisamente judíos. No hay ni un solo testimonio o documento histórico que lo demuestre.

Ni siquiera sabemos con certeza si eran tres —Melchor, Gaspar y Baltasar—, ni si hicieron el camino juntos o cada uno por su lado...

La constancia histórica de dichos personajes se asienta únicamente en el Evangelio.

Y la primera alusión a dicha existencia coincide con su entrada en la ciudad de Jerusalén. Nada más.

Me parece, por tanto, absolutamente gratuito afirmar que los Magos procedían o vivían en Sippar. Y muchísimo más que eran judíos...

No tiene demasiado sentido, por otra parte, que dicha «conjunción» —divisada no sólo desde Babilonia, sino desde toda la cuenca mediterránea (incluida Israel)— sólo fuera «interpretada» por los astrólogos y astrónomos de la lejana Babilonia. Si la venida del Mesías era esperada con auténtica expectación en el pueblo hebreo —como realmente así era—, ¿cómo es posible que los doctores, astrónomos y astrólogos judíos que vivían en Palestina —y que debían ser tan buenos «profesionales» como los de Sippar— no se percataran de que la traída y llevada «conjunción» planetaria era la señal tan larga y ansiosamente esperada?

Y dado que la «conjunción» de los planetas se repitió por tres veces en el mismo año, no podemos imaginar que, en las tres ocasiones, el fenómeno les pillara durmiendo o en huelga...

Tiempo les hubiera faltado a los astrólogos y magos israelitas para comunicar a los sumos sacerdotes —no sé si al pueblo...— el supremo acontecimiento, suponiendo que dicha «conjunción» les hubiera llamado la atención.

Pero no fue así.

Y una prueba de lo que digo es que, cuando los Magos se presentaron ante el inquieto Herodes, lo primero que hizo el rey —más sobresaltado que otra cosa— fue llamar a los sumos sacerdotes y escribas y preguntarles dónde tenía que nacer ese Mesías.

Repito que si los hombres del pueblo de Israel se hubieran percatado de la menor señal en los cielos —léase «conjunción»—, los «servicios de información» de Herodes el Grande habrían estado al corriente en cuestión de horas.

Todo ello me lleva a pensar que las tres «conjunciones» del año «menos siete», poco o nada tuvieron que ver con la cada vez más intrigante y misteriosa «estrella» que apareció por el Oriente, «guió» a los Magos hasta Palestina y —más concretamente— «marchó delante de la caravana, hasta que llegó y se detuvo encima del lugar donde estaba el Niño»... (Sigo leyendo el Evangelio, como puede comprobarse.)

Y aunque los Magos se informaron sobre la aldea concreta donde debía nacer —o había nacido ya— el «rey de los judíos», puesto que así se lo acababa de comunicar Herodes, también es extraño (por no decir cómico) que la «conjunción» en cuestión «fuera por delante» de la caravana y se «parase» justo encima del lugar. Belén no debía de ser muy grande por aquella época, pero sí agruparía el suficiente número de casas, establos, cuevas y apriscos como para confundir a un extranjero que iba buscando a uno de los muchos bebés del pueblo. Y cuando digo «muchos», no voy descaminado. En Israel, en aquel tiempo, la esterilidad era un signo negativo, y las madres judías se complacían con una generosa prole. Si a esa arraigada tradición hebrea añadimos la falta de luz eléctrica, de televisión y de la píldora, la población infantil en Belén y de cualquier pueblo judío tenía que alcanzar altas cotas...

Razón de más, en fin, para que la «estrella» se parase encima del lugar exacto donde vivía el Niño que buscaban y respecto al cual —con toda seguridad—, los Magos no disponían de filiación alguna.

Pero, antes de seguir adelante, quiero relatar mi única experiencia con una «conjunción» planetaria.

Durante varias noches de la tercera semana de febrero de 1975 se pudo observar desde nuestro país una «conjunción» entre los planetas Venus y Júpiter. En efecto, el fenómeno fue realmente vistoso. Y muchas personas llegaron a confundirlo con OVNIS.

Pero, a lo que iba. Una de aquellas noches circulaba yo de Zaragoza a Pamplona. Regresaba de una larga investigación OVNI y tenía la intención de descansar en el domicilio de mis padres, en la capital navarra.

Pues bien, al llegar a la altura de la localidad de Caparroso empecé a distinguir la citada «conjunción». Y como tengo por costumbre cuando tropiezo con cualquier fenómeno «sospechoso», paré el automóvil y enfoqué las brillantes luces que se levantaban a muy pocos grados sobre el horizonte. A través del teleobjetivo de mi cámara fotográfica podían verse con gran nitidez las dos masas luminosas de Venus y Júpiter. Y, por encima de la «conjunción», la Luna.

Según mis cálculos —y dada la posición donde me encontraba en aquellos momentos—, siguiendo en dirección a la citada «conjunción» habría llegado a la ciudad de Pamplona. Ahora bien, una vez allí, el fenómeno astronómico seguía viéndose mucho más allá... Y si me hubiera empeñado en la absurda «persecución» de la «conjunción», todavía estaría corriendo...

Está claro, por tanto, que una «conjunción» no puede señalar o marcar, no ya una casa o un establo, sino ni siquiera toda una ciudad o nación. Si yo hubiera tenido que encontrar en la ciudad Pamplona —traspolando el caso de Belén—, y con el único apoyo de la «conjunción» de marras, una determinada casa, habría tropezado con «serios» problemas...

Pero los exegetas e hipercríticos olvidan, entre otros, un detalle importante, que desmonta aún más la teoría de la «conjunción» planetaria.

En todos los archivos, bibliotecas y testimonios que he podido consultar —y que hacen referencia al comercio y transporte de aquel tiempo—, muy raras veces se hace alusión al hecho de que las caravanas avanzaran durante la noche.

Tantos los mercaderes como los «correos», emigrantes o, incluso, las expediciones militares, hacían sus viajes «de día». Y aunque no dispongo del testimonio histórico definitivo, es casi seguro que los Magos —juntos o por separado— siguieron la costumbre generalizada de hacer leguas o jornadas, de sol a sol.

Las más elementales normas de seguridad —frente a salteadores, accidentes en el terreno, ataques de animales, etc.—, así lo aconsejaban. Y dudo mucho que los Magos fueran en eso una excepción.

Pero según esto, y dado que las estrellas, cometas, meteoros, meteoritos y «conjunciones» planetarias no son visibles a plena luz del día, ¿qué clase de «estrella» era la que guiaba a los astrónomos?

Si los Magos hablaron de «estrella», eso significa, sin ningún género de dudas, que «aquello» que veían en el cielo tenía o desprendía luz. De lo contrario, hubieran utilizado otra terminología, como nube, pájaro, tormenta o qué sé yo...

El asunto —como vemos— parece complicarse. Por supuesto —y aunque no he hecho mención a ello—, creo y acepto que aquella gente (los Magos) vieron realmente «algo». Y que lo que san Mateo y san Lucas han puesto en sus evangelios es rigurosamente cierto. Vaya eso por delante, antes de pasar a otras disquisiciones y razonamientos.

Y estamos llegando al final...

¿Fue la «estrella» de Belén una bella metáfora oriental?

Y antes de pasar a lo que yo, personalmente, creo que pudo ser la simpática «estrella» que condujo a los Magos hasta Jesús de Nazaret, valoremos una última alternativa, como se dice ahora...

¿Pudo ser la aparición de dicha «estrella» y de los Magos una hermosa y sugerente parábola, a las que eran tan propensos los pueblos orientales?

En este sentido creo que es mucho más categórica la palabra de un ilustre jesuita, el padre Antonio Romañá, hasta hace muy poco director del Observatorio Astronómico del Ebro, en la ciudad tarraconense de Tortosa.

Con motivo de la elaboración de este libro le pedí consejo —al igual que a otros muchos ilustres doctores en Teología, astrónomos y científicos en general— sobre dos cuestiones muy delimitadas: las súbitas tinieblas que cayeron sobre Jerusalén durante la crucifixión del Nazareno y la presencia de la «estrella» de Belén.

Ésta fue la respuesta —en carta manuscrita del padre Romañá— respecto a mi segunda interrogante:

... En cuanto a la estrella de Belén, se han hecho múltiples hipótesis para identificarla con posibles conjunciones de astros, todas por cierto muy violentas y forzadas. Yo creo que lo que pretende describir el evangelista, es algo fuera del orden normal de la Naturaleza y de carácter milagroso o maravilloso por lo menos, ya que dice que la estrella (fenómeno luminoso) precedía y como guiaba a los Magos y se paró sobre el sitio en que estaba el Divino Niño. Usted sabe que hoy día muchos exegetas católicos discuten la naturaleza de los capítulos sobre la infancia de Jesús y dudan si se trata de descripciones estrictamente históricas o de narraciones del género que llaman «midráshico», en que un hecho histórico, de carácter religioso, se presenta como embellecido y adornado con caracteres más o menos legendarios o piadosos, que puedan contribuir a resaltar la idea o enseñanza que se pretende inculcar con la

narración. Yo le confieso que no soy partidario de esta
manera de interpretar y que prefiero ver en las narra-
ciones de la infancia, narraciones tan históricas como las
del resto de los Evangelios, máxime cuando nos encon-
tramos con prólogos como los de san Lucas que afir-
ma haberse informado cuidadosamente cerca de quie-
nes fueron testigos de los hechos; pero sepa que la
teoría que llaman de los «géneros literarios» está hoy
admitida por muchos profesores de Sagrada Escritura
católicos, y quizá para muchos presente la solución de
ciertas dificultades.

Creo que con esto he contestado a sus preguntas.
Si algo más se le ofrece, me tiene a su disposición.
Ya sabe cuán sinceramente le aprecia su afectísimo

ANTONIO ROMAÑÁ, S. J.

Poco puede añadirse a estas frases, tan claras y rotundas.

Tan sólo, quizá, que los exegetas que cita el jesuita parecen haber pasado por alto que el rey Herodes se reunió con sus escribas y sumos sacerdotes a fin de informarse sobre el nacimiento de aquel «intruso»...

Y aunque no tengo noticia de que se haya descubierto algún documento histórico donde se haga referencia a este hecho concreto y nada metafórico, supongo que —dadas las suspicacias e intrigas de que hizo gala Herodes el Grande durante su reinado— la reunión en cuestión pudo ocurrir en verdad. Era un paso lógico dentro de la política de terror que había implantado el amigo Herodes.

Pero hay otros dos extremos que guardan muy poca relación con los coloristas y etéreos cuentos o leyendas orientales. Me refiero a la brutal matanza de los inocentes en Belén de Judá...

En cambio, encaja de lleno en las obras y decisiones —constatadas históricamente— del bárbaro Herodes.

Además, los defensores del género llamado «midráshico» tampoco han tenido en cuenta que, para cuando se produjo el «holocausto» de los cientos de bebés, había pasado ya un tiempo más que prudencial como para que sus respectivos padres los hubieran empadronado, tal y como había sido ordenado por el emperador romano Augusto. En realidad, la presencia del carpintero José de Nazaret en Belén, la ciudad de David, se debía únicamente a este trámite administrativo y obligatorio para todos.

Ignoro también si se ha investigado ya, pero resultaría de gran utilidad, como fundamento histórico y científico, tratar de encontrar los restos de aquel «censo». Es muy posible —si esto ocurriera— que en el correspondiente a la ciudad de Belén aparecieran los nombres de todos o casi todos los niños que, poco después, fueron asesinados. ¿Qué mejor prueba para los «midráshicos» —con perdón— de lo endeble de sus razonamientos?

Aunque, a decir verdad, van ya sobradamente escaldados con el descubrimiento de Antioquía...

Tal y como me decía el padre Romañá, algunos exegetas católicos han puesto en duda —etiquetándolo como «leyenda» o «metáfora»— hasta la veracidad del «censo» que se menciona en los Evangelios.

«Aconteció —dice san Lucas— que por aquellos días emanó un edicto de parte de César Augusto, en que ordenaba que se inscribiesen en el censo los habitantes de todo el orbe. Este primer censo se hizo siendo Quirinio propretor de la Siria...»

Según algunos de estos exegetas, el tal Quirinio llegó a Siria en calidad de legado en el año 6 después de Cristo. Junto a él, Roma mandó a Coponio en calidad de primer procurador de Judea. Y entre los años 6 y 7 de nuestra Era, hicieron un censo. Y los hipercríticos —yo empiezo ya a denominarlos exegetas «de salón»— se rasgaron las vestiduras, afirmando que éste no podía ser el «censo» que refiere el Evangelio, puesto que en los años 6 y 7 de nuestra Era, Jesús de Nazaret tenía ya entre los trece y catorce años.

¿Es que san Lucas, el médico, se había equivocado?

Así lo pareció hasta que un buen día, en Antioquía, alguien halló un fragmento de una inscripción romana en la que se demostraba que el discutido Quirinio había estado otra vez —como legado del emperador Augusto— en Siria y precisamente en tiempos del procónsul Saturnino. En aquella época le tocó en suerte una misión puramente militar. Dirigía entonces la campaña contra los homonadenses, tribu establecida en la cordillera del Tauro, en el Asia Menor. Quirinio había establecido su cuartel general en Siria y corrían los años 10 y 7 antes de J. C.

El censo, en fin, había sido real.

Y esto suponía un nuevo resquebrajamiento —yo diría que el desmoronamiento final— de la hipótesis sobre una «estrella» de Belén puramente simbólica...

¿Con qué nos enfrentamos entonces?

Si la «estrella» de Belén no era un sol; si la «estrella» de Belén no era un cometa; si la «estrella» de Belén no era un meteoro o meteorito; si la «estrella» de Belén no era una «conjunción» planetaria; si la «estrella» de Belén no era una nova o supernova; si la «estrella» de Belén no era una leyenda o metáfora oriental —y si los evangelistas dicen verdad—, ¿qué era la llamada «estrella» de Belén...?

2. LA «ESTRELLA» DE BELÉN: ¿UNA NAVE SIDERAL?

No me andaré con demasiados rodeos.

Es posible que muchos hayan adivinado ya por dónde vuelan mis pensamientos...

En efecto. Si aquella «estrella» no pudo ser nada de lo ya expuesto anteriormente y, sin embargo, volaba y brillaba y daba la impresión de moverse como si alguien la dirigiera, aquella «estrella» sólo podía ser lo que hoy, nosotros, describimos como un «objeto volante no identificado» (OVNI).

Es muy lógico y humano que a muchas personas, esta afirmación —repito que total y absolutamente personal y científicamente indemostrable— les haga sonreír o, incluso, les escandalice.

¿Cómo puedo atreverme a mezclar algo tan sagrado como el nacimiento de Jesús con los OVNIS?

En el fondo, todo es cuestión de matizar.

Los que hayan sabido de mi interés y dedicación a la investigación de los polémicos «objetos volantes no identificados», sabrán que este asunto reviste para mí una seriedad tan profunda que he llegado a dejar el trabajo como reportero en mi periódico, para volcarme exhaustivamente en el estudio y rastreo del fenómeno OVNI. Nada más lejos de mí, por tanto, que el deseo de frivolizar el tema...

Precisamente esos años de estudio, esos centenares de testigos interrogados a lo largo y ancho del mundo y el hecho trascendental de haberlos visto yo mismo, me inclina ahora —después de leer una y otra vez los testimonios de Mateo y Lucas— a sospechar una directa intervención o presencia de los OVNIS en este primer capítulo de la vida humana del Cristo.

Por supuesto, el descenso en profundidad sobre este tema nos llevaría con certeza a nuevos e insospechados «horizontes». Pero quizá no sea éste todavía el momento oportuno...

Quedémonos, por ahora, en la «superficie».

OVNIS. Pero, ¿qué entiendo yo por tales? Y, lo que es más importante: suponiendo que así fuera, y que dichos objetos existieran, ¿qué papel podían desempeñar, guiando a la caravana de los Magos y señalizando el lugar donde estaba el Niño?

Sería absurdo, por mi parte, que después de casi 300.000 kilómetros tras los OVNIS; después de escuchar tantos testimonios; de tener en mis manos documentos oficiales y secretos de las Fuerzas Aéreas, donde aparecen estos objetos y, sobre todo, después de haberlos visto a 200 metros, siguiera pensando que los OVNIS no existen.

Aclarado este extremo —básico, naturalmente—, dispongo en estos momentos de declaraciones suficientes como para creer que dichos objetos son naves procedentes del exterior. Astronaves extraterrestres. Y he logrado reunir igualmente un volumen tal de información sobre testigos que dicen haber visto a sus «pilotos» o tripulantes, que no me repugna, en absoluto, la idea de que dichas naves estén tripuladas en su mayor parte.

Hechas estas salvedades —como es natural no demostrables de forma científica por ahora—, pasemos a la segunda parte de mi planteamiento.

Esas civilizaciones galácticas que nos visitan —y desde muy antiguo— tienen que estar, por lógica, mucho más adelantadas que la nuestra. Y no sólo en su pura tecnológica mecánica o de «navegación» espacial, sino también en sus ideas y conocimientos del Cosmos y del Espíritu. O, lo que es lo mismo, de Dios.

Si la encarnación de Cristo en nuestro planeta hace dos mil años exigió todo un «plan» cósmico o divino —como es natural que así fuera—, ¿por qué rechazar la posibilidad de que las «razas» o «seres» más evolucionados o «próximos» al Creador, o Fuerza, o Energía Suprema, o Dios, o como queramos definirlo, tomaran parte de alguna forma en dicha venida?

Yo, personalmente, encuentro mucho más fantástica o fantasiosa la creencia de un ángel con alas en la espalda, que vuela de acá para allá como una cigüeña...

Me resulta más racional y propio de un Dios sabio y «sensato», la presencia de «hombres» o «seres» —con o sin soporte físico— que «recorran el camino de la Perfección», apoyándose en una lógica evolución física, tecnológica y espiritual.

¿Por qué rechazar entonces la posibilidad de «astronautas» celestes, auténticos «misioneros» del Espacio, al servicio de ese gran Dios?

Pero, ¿es que nuestros misioneros en la India, Amazonas o África, no aprovechan y utilizan los helicópteros, pantallas de rayos X o la penicilina en su trabajo?

San Gregorio y san Juan Damasceno admitían que los «ángeles» del Antiguo y Nuevo Testamento pudiesen adquirir formas materiales...

San Bernardo estimaba que «la naturaleza de Dios es la única que no tiene necesidad de un instrumento corporal...».

Santo Tomás de Aquino concedía que, cuando las circunstancias lo exigían, las criaturas celestiales podían lograr «por el poder divino, cuerpos sensibles», que eran vistos y tocados...

Para san Agustín, era «creíble que los ángeles se enamoraran de las mujeres y se casaran con ellas», tal y como indica la Biblia en los primeros capítulos del Génesis...

Para san Pablo, en fin, puede haber seres celestes dotados de un cuerpo celestial superior (como los que se aparecieron a Daniel o a la Virgen María) y otros, exentos de pecado, pero que no poseen cuerpos de tan elevada categoría celestial...

Y los ejemplos harían interminable esta lista.

Nuestra Ciencia, la más moderna —la utilizada por la NASA en la conquista del espacio— está ya, como hemos visto en las experiencias sobre la Sábana de Turín, al servicio de ese Dios...

En fin, esa «estrella» que fue vista sobre Belén de Judá, podía tratarse de toda una nave sideral, de características y naturaleza desconocidas para nosotros y no digamos para los hombres de hace dos mil años, a bordo de la cual fuesen los ya conocidos y familiares «ángeles» del Antiguo Testamento y que son mencionados en el mismo, por cierto, la friolera de 108 veces...

«Ángeles» de ropajes resplandecientes y extraños que hoy sí identificaríamos, quizá, con nuestros propios astronautas, de indumentaria no menos extraña y metalizada...

Pero ésta, lógicamente, es una hipótesis indemostrable, hoy por hoy.

¡Cuántos casos típicos y famosos dentro de la Ufología mundial coinciden en sus principales características —luz, brillo, movimiento, etc.— con la «estrella» que describe san Mateo!

Claro que si acudimos a otros testimonios históricos, se fortalece la creencia de que «la estrella» de los Magos era realmente un OVNI.

En el siglo I, por ejemplo, el obispo Ignacio de Antioquía describía así la citada «estrella»:

«Su luz era indescriptible. Sorprendía por su novedad... Todos estaban asombrados, preguntándose de dónde podría venir esta novedad, tan diferente a los otros astros.»

Por su parte, el cronógrafo Julio Africano, en el siglo III, relataba el «descenso» de una estrella en Persia, que anunció el nacimiento de Belén y «guió» a los Magos.

Y en un estudio de la *Epístola a los efesios* (capítulo 19), san Ignacio subraya la «novedad» de esa estrella, que hacía que los que la contemplaban se quedaran mudos de estupor...

Y dejo al margen los libros llamados apócrifos,[1] y en los que se hacen interesantes referencias a esta «estrella», precisamente por no salirme del cauce de los libros canónicos.

Por último, veamos el testimonio de san Lucas, tan espléndido como esclarecedor en este mismo sentido. Dice el evangelista:

[1] Apócrifos: libros de la Biblia que, aunque atribuidos a autor sagrado, no están declarados canónicos.

«Había en la misma comarca (Belén) unos pastores, que dormían al raso y vigilaban por turno durante la noche su rebaño. Se les presentó el Ángel del Señor, y la gloria del Señor los envolvió en su luz; y se llenaron de temor. El ángel les dijo: "No temáis, pues os anuncio una gran alegría, que lo será para todo el pueblo: os ha nacido hoy, en la ciudad de David, un Salvador, que es el Cristo Señor; y esto os servirá de señal: encontraréis un niño envuelto en pañales y acostado en un pesebre." Y, de pronto, se juntó con el ángel una multitud del ejército celestial, que alababa a Dios, diciendo:

»"Gloria a Dios en las alturas y en la tierra paz a los hombres en quienes él se complace."

»Y sucedió que cuando los ángeles, dejándoles, se fueron el cielo, los pastores se decían unos a otros: "Vayamos, pues, hasta Belén y veamos lo que ha sucedido y el Señor nos ha manifestado." Y fueron a toda prisa...»

El hecho, según se desprende del texto evangélico, se produjo la misma noche del nacimiento de Jesús. Días o semanas antes, claro, de la llegada de los Magos y la «estrella».

Pero desmenucemos el relato...

De acuerdo con lo ya expuesto, y siempre desde un punto de vista personal, el «Ángel del Señor» que se les «presentó» a los pastores en mitad del campo de Belén puede ser interpretado aquí como una nave o como alguno de sus tripulantes.

Tanto una como otro debían ir provistos de alguna potente luz, puesto que, acto seguido, «la gloria del Señor los envolvió en su luz y se llenaron de temor».

Quizá aquí caben varias posibilidades: o bien que —puesto que era de noche— la nave alumbrara la zona y a los pastores, o que alguno de los «astronautas» o «ángeles» del Señor portase y utilizase algún sistema de iluminación artificial. O, incluso, ambos sistemas a un mismo tiempo.

En mis archivos, como en los de la mayoría de los investigadores de OVNIS del mundo, figuran cientos de avistamientos de estos objetos que —fundamentalmente durante las noches— lanzan amplios y potentes haces de luz blanca o de diferentes tonalidades sobre los campos, montañas o mares sobre los que vuelan. Hay también infinidad de testigos que afirman haber visto estos OVNIS y cómo desde las naves han proyectado sobre ellos o sobre sus automóviles, lanchas, etc., focos inmensos y deslumbrantes que les han permitido ver «como si fuera de día...».

Estas expresiones —«... y la noche se iluminó como si hubiera salido el sol» o «todo, hasta donde alcanzaba nuestra vista, quedó claro como el día», etc.— se repiten sin cesar en muchos de los testimonios OVNI.

Y en un altísimo porcentaje de casos —y esto me consta personalmente—, los testigos pasan del asombro al terror. Si esto sucede hoy, que sabemos de las sondas espaciales y de la sofisticada tecnología de los vuelos a la Luna, ¿qué podía esperarse de unos primitivos pastores de Judea? Era más que lógico que cayeran rostro en tierra y confundieran estas naves y sus efectos eléctricos o electromagnéticos con la «gloria del Señor o de Yavé...».

Y no creo que este planteamiento arruine o minusvalorice la carga cósmica o divina o sobrenatural que pueda encerrar la presencia de estos «mensajeros» o «misioneros» del gran Dios...

Al contrario. A mí, personalmente, me acerca y aclara la «figura» de ese Dios...

Pero sigamos con el texto de san Lucas:

«... y el ángel les dijo: "No temáis, pues os anuncio una gran alegría..."»

Es evidente que habló el «ángel», o «astronauta», o «mensajero» del Espacio.

Y que lo hizo de tal forma, que los pastores —hombres rudos— le entendieron.

Entre los muchos casos de testigos que han visto a los tripulantes de los OVNIS y que he podido investigar personalmente por el mundo, hay un considerable número de encuentros, como ahora se califican, «del tercer tipo». Y en algunos de esos «encuentros», los «pilotos» extraterrestres se han dirigido a los aterrorizados testigos en su lengua natal. Dispongo de casos en los que los ocupantes de los OVNIS han hablado —con fonemas— en inglés, español o francés.

Y doy fe de que muchas de esas personas son gentes honradas y de toda confianza, que no mienten.

Por otro lado, tampoco tiene que resultarnos incomprensible que una o mil civilizaciones galácticas que quizá nos llevan miles o cientos de miles de años de adelanto capten y aprendan nuestros lenguajes a la perfección. Nosotros lo hacemos ya con las tribus más primitivas... Y si ese grupo de «ángeles» o «astronautas» del Cosmos participaba de alguna forma en el «plan divino» de la llegada de Jesús a esta «vieja y hermosa canica azul», ¿qué menos que hacer partícipe a los pastores y vecinos de la zona de Belén del más importante acontecimiento de todos los tiempos...?

Además, los citados «ángeles», o «astronautas», o «mensajeros» debían de conocer muy bien las circunstancias y pormenores del nacimiento de aquel niño, puesto que facilitaron a los asustados pastores la señal de los pañales y del pesebre.

Tampoco este «detalle» debe alarmarnos.

Si nosotros, hoy, con nuestra rudimentaria gama de satélites artificiales, podemos saber cuándo se apaga la luz del despacho de Breznev en el Kremlin, o fotografiar un objeto del tamaño de una pelota de tenis que se encuentre sobre el suelo, ¿qué no podrán «ver», controlar o inspeccionar estas naves siderales, infinitamente más perfectas que nuestros satélites «espías»?

Era más que posible —según esto— que las naves de estos «misioneros» espaciales y especiales «guiaran» hasta Belén a quienes debían intervenir de alguna manera en el «plan»...

Y, como remate, san Lucas dice:

«...Y sucedió que, cuando los ángeles, dejándoles, se fueron al cielo, los pastores se decían...»

He aquí otro rasgo interesante en la narración. Si aquellos «ángeles» hubieran sido —permítanme la licencia— «de altísima categoría o rango», prácticamente espíritus o energía pura, no hubieran necesitado «dejarles y marchar al cielo». Con desaparecer o desmaterializarse en el mismo campo donde se hallaban los judíos, «aquí paz y después gloria...».

Pero no. Los «ángeles» —que, además, necesitaban de la luz— dejaron a los pastores, marchándose o alejándose hacia el cielo. Esto, en palabras del siglo XX, podríamos haberlo traducido como un simple «despegue» de sus naves o de los mismos «astronautas», suponiendo, como es lógico, que dispusieran de los correspondientes equipos individuales de autopropulsión.

E insisto en que todo esto no le resta un solo punto a la trascendencia y grandiosidad del momento. Como tampoco es motivo de escándalo que hoy, la Sagrada Eucaristía sea llevada por un sacerdote desde una aldea a otra del Amazonas entre el estruendo de un helicóptero. Como tampoco será ridículo ni denigrante para los hijos de Dios que, algún día, un «sacerdote-astronauta» celebre la primera misa en la Luna o en cualquier laboratorio espacial, en órbita.

Quizá estemos aún muy lejos de llevar la palabra de Dios a otros planetas cuyos habitantes no la conozcan. Sin embargo, estoy convencido que ese momento también llegará para el hombre de este mundo.

¿Qué seremos entonces —con nuestra altísima tecnología espacial— para aquellos seres: «ángeles», «dioses», «enviados», «astronautas»...?

Pero todo esto —como digo— es sólo una opinión personal. Y aunque mi corazón me dice que no, bien pudiera ser que estuviera en el error...

3. LA «TRANSFIGURACIÓN»: UN «ENCUENTRO EN LA TERCERA FASE»

Cuanto más profundizo en la lectura y reflexión del Nuevo Testamento, más raíces echa en mi corazón la idea de que Jesús de Nazaret fue «ayudado», o «acompañado» o «asistido» de alguna manera por todo un «equipo» de seres que hoy podríamos etiquetar como «astronautas».

Como señalaba en el capítulo precedente, seres en un avanzadísimo estado evolutivo —tanto espiritual como tecnológico— y que pueden poblar muchos de los miles de millones de galaxias que forman los distintos universos, pudieron «colaborar» en ese formidable «plan» de la redención de esta Humanidad.

De ahí su constante presencia en la Biblia: en el Antiguo Testamento —como decía— los «ángeles», «mensajeros» o «enviados», son citados hasta un total de 108 veces. En el Nuevo, esos seres —que tienen que comer, que precisan de la iluminación durante la noche y que jamás aceptan que se les adore...— hacen acto de presencia en otras 165 ocasiones.

Demasiadas como para que podamos hablar de casualidades o simples «metáforas orientales»...

Pero sigamos con otras «apariciones» —las más espectaculares— que se narran en el Nuevo Testamento y que están directamente vinculadas con la figura del Nazareno, tal y como hemos visto ya en el mismísimo nacimiento.

La «transfiguración»

Dice san Lucas en su Evangelio:

«Sucedió que ocho días después de estas palabras (se refiere el evangelista a la próxima venida del Reino), tomó (Jesús) consigo a Pedro, Juan y Santiago, y subió al monte a orar. Y sucedió que, mientras oraba, el aspecto de su rostro se mudó, y sus vestidos eran de una blancura fulgurante, y he aquí que conversaban con él dos hombres, que eran Moisés y Elías; los cuales aparecían en gloria, y hablaban de su partida, que iba a cumplir en Jerusalén. Pedro y sus compañeros estaban cargados de sueño, pero permanecían despiertos, y vieron su gloria y a los dos hombres que estaban con él. Y sucedió que, al separarse ellos de él, dijo Pedro a Jesús: "Maestro, bueno es estarnos aquí. Vamos a hacer tres tiendas, una para ti, otra para Moisés y otra para Elías", sin saber lo que decía. Estaba diciendo estas cosas cuando se formó una nube y los cubrió con su sombra; y al entrar en la nube, se llenaron de temor. Y vino una voz desde la nube, que decía: "Éste es mi Hijo, mi Elegido; escuchadle." Y cuando la voz hubo sonado, se encontró Jesús solo. Ellos callaron, y por aquellos días, no dijeron nada de lo que habían visto.»

De acuerdo con el relato evangélico, por aquellas fechas Jesús debía de encontrarse en las proximidades del mar de Galilea, quizá en Betsaida o en el término de Magadán. Desde esta área hasta las montañas del Hermón, al Norte, o a sus estribaciones, podía llegarse en cuestión de horas o —a lo sumo— en una o dos jornadas.

Para mí, la decisión del Nazareno de alejarse de los núcleos de población y «subir a un monte alto» —tal y como dice san Marcos en este mismo pasaje de la Transfiguración— tenía toda una clara intencionalidad. Él «sabía» que se iba a producir un «contacto» con parte de su «equipo» —¡Dios santo, cómo limitan las palabras...!—, y lo lógico era que la «cita» se desarrollara en un lugar apropiado: lejos de las miradas de los curiosos, lejos de pueblos o aglomeraciones humanas. Lejos, en fin, de unas gentes que no estaban en situación de entender y que, en el mejor de los casos, hubieran sido presa del pánico o de la confusión.

¡Y qué mejor escenario para un «encuentro en el tercer tipo» que lo alto de un monte!

Los que hemos acudido decenas de veces a lo que se denomina «avistamiento de OVNIS o de naves, previa cita» entendemos muy bien ese querer alejarse de la ciudad, esa búsqueda de la soledad...

Jesús podía haber esperado a que cayera la noche y haber tenido este «encuentro» en cualquier paraje del mar de Galilea, donde predicaba en aquellos días. Pero no fue así. Tomó a sus tres discípulos más «destacados» y subió a un monte.

Quizá la fuerte luminosidad de estas naves —especialmente incrementada casi siempre en la oscuridad de las noches— habría alarmado y despertado a las numerosas aldeas que se alineaban en torno al lago.

¿Para qué correr riesgos innecesarios?

Y de forma mental o por algún procedimiento que no podemos saber ahora, Jesús supo de la necesidad de esa «entrevista» con sus «ángeles» o «astronautas»...

Porque tampoco creo en la gratuidad o casualidad, a la hora de celebrar estos «encuentros». Tenían que tener un sentido, una justificación importante, que hacía del todo necesario el contacto físico...

Pero sigamos con el texto evangélico:

«Y sucedió que, mientras oraba, el aspecto de su rostro se mudó y sus vestidos eran de una blancura fulgurante...»

Mateo, por su parte, añade un dato más a este «cambio»:

«... su rostro se puso brillante como el sol y sus vestidos se volvieron blancos como la luz.»

Y el «reportero» Marcos riza el rizo y hace el siguiente comentario:

«... y sus vestidos se volvieron resplandecientes, muy blancos, tanto que ningún batanero[1] en la tierra sería capaz de blanquearlos de ese modo.»

Los tres evangelistas utilizan palabras muy similares: «blancura fulgurante», «blancos como la luz», «resplandecientes»...

Pero, ¿qué significa «fulgurante»?

Según la Real Academia de la Lengua, fulgurar es «brillar o despedir rayos de luz».

En cuanto a «resplandecer», el sentido viene a ser muy parecido: «despedir luz o brillar mucho una cosa».

Está claro, por tanto, que los tres testigos —Pedro, Juan y Santiago— vieron cómo las vestiduras de

---

[1] Batanero: el que cuida de los batanes o trabaja en ellos. (Posiblemente, talleres donde se golpeaba, enfurtía y blanqueaba los paños.)

su Maestro brillaban o despedían luz, al igual que el rostro.

Y aunque sé y reconozco que Jesús, como Hijo de Dios, podía tener la potestad de hacer salir luz de todo su cuerpo, como si de una lámpara viviente se tratara, no veo, en cambio, el sentido práctico de esta «transformación».

Su cuerpo no experimentó el gran «cambio» —a «cuerpo glorioso»— hasta la Resurrección. ¿Por qué entonces variar esa naturaleza humana en lo alto de un monte? Yo, al menos, no lo encuentro muy lógico...

Sí me encaja mejor otra explicación. Como hemos comprobado los investigadores de OVNIS, hay multitud de casos —tanto de día como en la noche— en los que estas naves desprenden una formidable luminosidad.

Si Jesús y los discípulos subieron al monte y tuvieron este «encuentro» cuando aún era de día —circunstancia más que lógica y que los propios evangelistas descubren casi sin querer al hablar de la «sombra» que daba la «nube»—, cabe pensar que la fortísima radiación luminosa de la nave en la que se habían desplazado los dos «hombres» del relato, pudo ser la causa directa de aquel resplandor o brillo en los vestidos de Jesús.

Si el «encuentro» se hubiera producido por la noche o al atardecer, con más razón todavía.

Y hablo de «nave» porque, al igual que ocurre en otros muchos pasajes de los Evangelios, ésta aparece por doquier, bien en forma de «estrella», «gloria», «nube» o «luminosidad».

Era, en definitiva, la única forma que tenían aquellas gentes de hace dos mil años de describir lo que no podían asimilar y que —repito— asociaban de inmediato con lo «sagrado», «desconocido» o «sobrenatural».

Los dos «hombres» de la «Transfiguración» —cuyos ropajes brillaban también como los de Jesús— tenían que haber llegado de alguna forma hasta lo alto de aquella montaña. Y el hecho de que los evangelistas no citen, desde el principio del relato, la aproximación o la presencia de la nave, no significa que no estuviera allí mismo o en las cercanías.

Poco después, incluso, los evangelistas se refieren a una extraña «nube» que «les cubrió con su sombra...».

Si la nave se encontraba sobre las cabezas de los testigos, flotaba en silencio, como es habitual en estos objetos, y además tenía una forma lenticular o fusiforme —como es típico también en los casos OVNI—, los pescadores sólo podían identificar aquella «cosa» con una nube...

¿Cómo podían imaginar que unos seres —infinitamente más evolucionados que ellos— habían logrado dominar la fuerza de la gravedad, construir máquinas de aleaciones insospechadas y manipular a su antojo muchas de las fuerzas de la Naturaleza, que, para ellos y todavía para nosotros, son incontrolables? Pero hay más. San Lucas asegura que los discípulos «entraron en la nube» y que esto les llenó de temor.

Y Mateo aporta otro detalle curioso, en torno a esta «nube». Y dice: «... una nube luminosa los cubrió con su sombra.»

Aquí hay «puntos» que no encajan con lo que todos entendemos por nubes.

¿Una nube luminosa?

Ninguna formación nubosa —que nosotros sepamos— tiene la propiedad de emitir luz. Como mucho, pueden quedar brevemente iluminadas en su interior si se ven cruzadas o afectadas por el resplandor de alguna chispa eléctrica. Pero este fenómeno tiene una duración muy corta.

No es tampoco la primera vez, como digo, que una «nube» de estas características —brillante o luminosa «como un ascua de fuego»— acompaña al pueblo de Israel. Recuerdo, por ejemplo, los casos del paso del mar Rojo o de la «nube» que permanecía casi de forma permanente sobre la Tienda de la Reunión, en pleno desierto...

Pero no nos desviemos del·tema.

Hay que suponer que tratándose de hombres que habían vivido y trabajado en las orillas del mar de Galilea —Pedro era un consumado pescador—, estaban acostumbrados a distinguir todo tipo de nubes, vientos, tormentas y otros fenómenos atmosféricos. Y si esto era así, ¿por qué «sintieron temor» —como dice el Evangelio— ante la proximidad de aquella nube?

¿O no era una nube?

Si lo que les «cubrió con su sombra» hubiera sido pura y simplemente niebla —fenómeno, por otra parte, más que raro en las resecas tierras de Palestina—, los tres apóstoles tampoco se habrían turbado.

Para ser «cubiertos», además, por su sombra, aquella «nube» tenía que ofrecer una más que seria oposición al paso de los rayos solares.

Para colmo —coinciden los evangelistas—, «de aquella nube salió una voz...».

Es posible, incluso, que lo que vieron los discípulos fuera realmente una nube. Pero una nube que encerraba luz en su interior, que se comportaba «inteligentemente» y que debió de situarse a escasa altura sobre sus cabezas.

Me explicaré.

También en la casuística ufológica se dan muchos testimonios de OVNIS que parecen «camuflarse» mediante cortinas de humo o, incluso, nubes que rodean y ocultan por completo el fuselaje de dichas naves. Y, en ocasiones, esas «nubes» se han «paseado» sobre pueblos y ciudades, sin que nadie o casi nadie se haya percatado de su verdadera naturaleza.

Sin embargo, a veces, las «nubes» en cuestión sí son detectadas por los radares militares, como sucedió recientemente sobre Portugal. Según me consta, en aquella ocasión, varios cazas lusitanos —alertados por la presencia de un eco no identificado en las pantallas de radar— volaron a su encuentro. Pero —¡oh sorpresa!— lo que estaba provocando la alarma era una nube. Una enigmática nube, solitaria en el cielo, que, desafiando todas las leyes de la meteorología, resistía inmóvil las fuertes rachas de vientos.

De pronto —y ante los atónitos ojos de los pilotos—, la «nube» ascendió vertiginosamente, perdiéndose de vista y de las pantallas militares.

No hace muchos meses —a lo largo de 1977 y 1978—, numerosos testigos pudieron observar cómo una «nube» en forma de «cigarro puro» descendía sobre la peña de Santoña, en Santander. Era la única nube en todo el despejado cielo. Y en el interior de aquella peculiar nube se adivinaba otra forma geométrica y más oscura...

Dos buenos pilotos de líneas aéreas comerciales tuvieron también en 1979 otro «encuentro» con una de estas misteriosas nubes. Y sus instrumentales electrónicos quedaron paralizados por espacio de varios minutos. Casualmente, el tiempo que permanecieron con su avión en el interior de la nube...

Los casos, en fin, resultarían interminables.

Y bien pensado —utilizando la más racional y práctica de las mentalidades—, ¿qué mejor procedimiento de ocultamiento o camuflaje para alguien que desea observar y no ser visto, que rodearse de una nube que él mismo puede fabricar y controlar?

En cualquiera de los casos —una nave de forma lenticular o fusiforme o una nave dentro de una nube—, el fondo del problema es el mismo: los tres discípulos, Jesús y sus dos «acompañantes» estaban frente a «algo» físico, pilotado por seres inteligentes y, desde luego, con un objetivo concretísimo.

Si, como apunta Lucas, los apóstoles «entraron en la nube» —y ésta hubiera sido realmente un aparato metálico—, el asunto se complicaría.

Ello significaría —nada más y nada menos— que los tres testigos habrían sido introducidos en un OVNI, tal y como hoy lo entendemos.

Pero ajustémonos a lo que aparece en el Evangelio.

«... Y he aquí —prosigue san Lucas— que conversaban con Él dos hombres, que eran Moisés y Elías; los cuales aparecían en gloria y hablaban de su partida, que iba a cumplir en Jerusalén.»

Tanto Mateo como Marcos aseguran igualmente que los hombres o varones «conversaban con Jesús».

Es evidente, por tanto, que los «ángeles» o «astronautas», o «enviados» emitían sonidos al articular sus palabras. De no haber sido así, los tres testigos no habrían hecho referencia a la conversación, ni mucho menos al tema de la misma: la «partida» del Maestro desde la ciudad de Jerusalén.

Pero ninguno de los discípulos debió captar con claridad o en su totalidad la «conversación» de Jesús con los dos hombres. Entre otras razones porque todos —dice Lucas— se notaban cargados de sueño y es de suponer, por otra parte, que el miedo les llenara el cerebro. En tales condiciones, la mente no puede mostrarse muy serena o dispuesta, como para prestar atención a una conversación...

El fenómeno del sueño, además, también se ha repetido y se repite en testigos que —por las razones que fueren— han llegado muy cerca de los OVNIS. No es que se trate de sueño exactamente. En la mayor parte de los casos, el testigo cae presa de un gran sopor, o queda, incluso, paralizado. Una de las constantes en los «encuentros» cercanos con OVNIS y, muy especialmente, con sus tripulantes, es la pérdida de la noción del tiempo. En casi todos los casos típicos de «ingreso» de los testigos en el interior de las naves, aquéllos son víctimas de amnesias o, al menos, de «lagunas» mentales, que sólo pueden ser disipadas y «reconstruidas» mediante hipnosis.

Los investigadores hemos recogido infinidad de casos que así lo avalan.

Es posible que estos fenómenos de pérdida de memoria o de tiempo —de confusión mental, en suma— estén provocados directamente por los que pilotan esas naves o sea una consecuencia de la proximidad del testigo de los OVNIS, cuyos sistemas de propulsión y autoprotección todavía ignoramos.

No sabemos con certeza qué puede ocurrir en el organismo de un ser humano cuando éste invade el posible campo magnético o electromagnético que, sin duda, rodea a esas naves.

Lo único que sabemos es que el hombre se enfrenta con lo desconocido...

Sin embargo, no cabe pensar que en el «encuentro» de Jesús y sus tres acompañantes con los dos «hombres» y la «nube», el «sueño» de Pedro, Juan y

Santiago fuera provocado por los que manipulaban aquellas naves. De haber sido así, Jesús no se hubiera hecho acompañar por los tres discípulos. Eso parece lógico. Es quizá más natural que los tres testigos se vieran sumidos en aquella especie de letargo o sueño, por alguna razón accidental y puramente física. Una razón que, dicho sea de paso, no afectaba al Nazareno y cuyo origen —insisto— podía estar en la proximidad de una o varias naves.

En cuanto a la coincidencia de los tres evangelistas respecto a la identidad de los dos «hombres» —Moisés y Elías—, yo, personalmente, tengo mis dudas...

Ni Pedro, ni Juan, ni Santiago conocían a uno y otro. Moisés y Elías habían vivido cientos de años antes que los apóstoles, y no creo que éstos pudieran reconocer con tanta facilidad a personajes de los que no había —ni hay— referencias fidedignas pictóricas, escultóricas, grabados, etcétera.

¿Cómo pudieron saber entonces que aquellos dos «hombres que conversaban con él y que aparecían en gloria» eran Moisés y Elías? En los textos evangélicos no hay mención alguna de que Jesús o los misteriosos «hombres» comunicaran su identidad a los apóstoles. Y por lo que uno deduce de las narraciones, los «hombres» en cuestión permanecieron todo el tiempo a una cierta distancia de Pedro, Juan y Santiago.

¿Se lo imaginaron entonces los discípulos? Moisés y Elías eran unos personajes de especial relieve para el pueblo judío. Eso está probado. Si los discípulos —embebidos ya en el poder y santidad del Maestro— alcanzaron la cima de la montaña y allí, de golpe y porrazo, se vieron ante unos seres enfundados en trajes de gran brillo —posiblemente metalizados— y cuyo origen y presencia no era fácil que asimilasen, ¿qué otra cosa podían hacer sino identificarlos con personajes de tanta solera como Elías y Moisés?

Y que esos «hombres» llevaban una vestimenta deslumbrante se deduce de las mismas palabras de Lucas:

«... los cuales aparecían en gloria.»

A no ser que el evangelista quisiera decirnos con ello que los interlocutores del Nazareno aparecían en el interior o junto a alguna de sus naves o vehículos para la que san Lucas no podía tener otras palabras y explicación que la «gloria» misma, entendiendo ésta como «algo» celestial, sobrenatural o, sencillamente, con capacidad de vuelo.

Traspolando el tiempo —y sólo son dos mil años—, ¿cómo hubieran reaccionado los pastores de Belén o las gentes de Judea en general, y hasta los mismísimos apóstoles, si les introdujéramos hoy en la cabina de mandos de un avión Concorde o en la sala de control de Cabo Kennedy?

Tampoco la súbita «desaparición» de «Elías y Moisés» y de la «nube que les cubrió con su sombra» constituyen en la actualidad un fenómeno nuevo para los que investigamos o estudian la problemática OVNI. ¿Cuántos casos hay de desapariciones repentinas de naves y tripulantes? Miles. Los asombrados testigos nos repiten una y otra vez que «el objeto estaba a la vista y que, sin saber cómo, ya no lo estaba...».

La «desmaterialización», o cualquier otra técnica que quizá pudiera ser encajada en esta expresión, permitiría a los «hombres del espacio» «viajar» y «trasladarse» de un lugar a otro. Nosotros desconocemos todavía la forma para desarrollarlo, pero las pruebas de que otras civilizaciones más adelantadas y superiores ya lo hacen están ahí, en los muchos testimonios recogidos por los ufólogos...

Ése, además, como ya he comentado en otros libros,[1] puede ser algún día para nosotros el verdadero procedimiento para «atravesar» el Cosmos y vencer así las astronómicas distancias intergalácticas. Con una «desmaterialización» total, la nave y sus «astronautas» podrían quizá «saltar» del tiempo y del espacio, llegando a otros mundos casi instantáneamente. Todo sería cuestión de «materializarse» con posterioridad y en el lugar preciso.

Ni siquiera la luz, con sus 300.000 kilómetros por segundo, puede compararse a este revolucionario sistema del «viaje»...

«... y hablaban de su partida, que iba a cumplir en Jerusalén.»

La «partida» sólo podía referirse a su próxima pasión y muerte y posterior Resurrección. Y así, incluso, lo confirma el propio Jesús de Nazaret cuando, descendiendo ya de la montaña, les pidió que no lo comentaran con nadie «hasta que el Hijo del hombre resucitara de entre los muertos».

¿Qué pudo ocurrir realmente en la cima de aquel monte? ¿Por qué el Nazareno se entrevistó con los «astronautas» o «mensajeros»? ¿Y por qué dialogaron sobre su «partida»?

Algo era evidente: el «plan» cósmico o divino se estaba cumpliendo. Y por razones que nosotros no podemos entender ahora, era necesario ese «encuentro»...

---

[1] En esta misma colección: *Existió otra Humanidad, OVNIS: S.O.S. a la Humanidad, OVNI: Alto secreto. Documentos oficiales del Ejército del Aire español y 100.000 kilómetros tras los OVNIS.*

He aquí —una vez más—, otra señal clara de que Jesús desempeñaba su «trabajo» como redentor, ayudado de alguna manera por todo un «equipo» de «ángeles», «enviados» o «astronautas».

Y aparece igualmente nítido que el gigante de Nazaret era «alguien» muy importante para esos «ángeles» o «astronautas», puesto que, como veremos, todos estaban a su servicio.

4. ¿QUÉ PASÓ REALMENTE EN EL DESIERTO?

Los evangelistas Mateo y Marcos dicen:

«Entonces, Jesús fue llevado por el Espíritu al desierto para ser tentado por el diablo. Y después de hacer un ayuno de cuarenta días y cuarenta noches, al fin sintió hambre...»

Y concluye Mateo:

«... Entonces el diablo le deja (tras las conocidas tentaciones). Y he aquí que se acercaron unos ángeles y le servían.»

También Marcos concluye de forma similar esta parte de su evangelio:

«... A continuación, el Espíritu le empuja al desierto, y permaneció en el desierto cuarenta días, siendo tentado por Satanás. Estaba entre los animales del campo y los ángeles le servían.»

Nos enfrentamos aquí ante otro capítulo tan apasionante como desconocido en la vida de Jesús de Nazaret.

¿Qué pudo pasar en aquel desierto y durante tanto tiempo? Si los «enviados» o «astronautas» seguían

—y muy de cerca— la vida del Nazareno, es fácil imaginar que durante su estancia de cuarenta días en aquel lugar desértico, dicho «equipo» celestial —por emplear una expresión asequible a nuestro corto lenguaje— estuvo cerca del Hijo del hombre. Tan cerca que —una vez concluido el ayuno—, «se acercaron y le servían». Y la palabra acercarse significa estar próximo o llegar hasta donde se encuentra la persona interesada...

Y es curioso que, justamente después de este retiro y del «encuentro» con los «ángeles», Jesús de Nazaret —que había sido «empujado» por el Espíritu hasta dicho desierto— se lanzó abiertamente a predicar.

¿Es que el «equipo» le hizo ver la necesidad de iniciar ya la gran misión que le había traído a este planeta? ¿Fue Jesús definitivamente preparado en aquellos cuarenta días y cuarenta noches para su llamada «vida pública»?

¿Por qué dicen los evangelistas que el Espíritu «llevó» y «empujó» al Nazareno —una vez bautizado en el Jordán— a ese desierto?

5. 36.000 «ÁNGELES» A SU DISPOSICIÓN...

Las alusiones de Jesús de Nazaret a estos «ángeles» son frecuentes en el Evangelio.

Él —no cabe la menor duda— sabía de su existencia. Y otros, con él, también habían sido testigos directos —como ya hemos observado— del descenso de dichos seres a la Tierra.

San Lucas, por ejemplo, transmite las siguientes frases, pronunciadas por el Galileo:

«Yo os digo: por todo el que se declare por mí ante los hombres, también el Hijo del hombre se declarará por él ante los ángeles de Dios. Pero el que me niegue delante de los hombres, será negado delante de los ángeles de Dios.»

Y no creo que Jesús de Nazaret empleara aquí una de sus acostumbradas parábolas. Los «ángeles» en cuestión, como digo, eran «seres» visibles, que dejaban huella y que fueron vistos por algunos de los discípulos del Nazareno. Seres, en definitiva, que causaron un gran impacto emocional en los judíos.

Jesús, además, no habla de declarar en favor o en

contra de los hombres «ante Dios». Dice «ante los ángeles de Dios». Jesús debía tener sólidas razones para saber que esos «ángeles» eran importantes...

Tan notables y poderosos como para que el Cristo —y leo nuevamente a san Mateo— diga en pleno prendimiento:

«Vuelve tu espada a su sitio, porque todos los que empuñen espada, a espada perecerán. ¿O piensas que no puedo yo rogar a mi Padre, que pondría al punto a mi disposición más de doce legiones de ángeles?»

Doce legiones, según los cálculos de las legiones romanas, sumaban unos 36.000 infantes.

Según esto, según las palabras de Jesús, a un deseo suyo, más de 36.000 «ángeles» o «seres del espacio» se habrían presentado en la zona, en toda una «demostración de fuerza», como se dice en términos militares...

Y aunque cae por su propio peso que por la mente de Jesús no debió pasar en ningún momento la intención real de lanzar semejante SOS a su Padre, ahí queda, no obstante, su afirmación, clara y rotunda, con «estadísticas» incluidas.

En un momento de tensión, como tuvo que ser el de su detención en el huerto de los Olivos, el Nazareno no recurrió al poder director de su Padre, o a Moisés y Elías, o al propio Espíritu Santo, o a las fuerzas de la Naturaleza. No. Jesús pensó en las «legiones de ángeles»: unos personajes que le venían «acompañando» desde su llegada a este planeta...

Unos «ángeles», o «enviados», o «astronautas» —¿por qué no?— que «no le perdieron de vista» ni en la fascinante madrugada de aquel domingo de gloria...

6. UN «ASTRONAUTA» JUNTO AL SEPULCRO

Y vaya por delante que, en estos últimos capítulos, he vaciado mi corazón. Cuanto aquí escribo debe ser tomado —no me cansaré de repetirlo— como fruto de la inquietud de mi espíritu, de mis investigaciones y de mi creciente curiosidad por Jesús de Nazaret. Pero eso no me sitúa —ni mucho menos— en posesión de la Verdad...

Que mi intención sea honesta y limpia no significa que las «cosas» ocurrieran realmente como yo pueda dibujarlas aquí...

Lo único que puedo decir es que se trata de la verdad que yo siento.

Y metido de lleno en las investigaciones en torno a los descubrimientos de los científicos y expertos de la NASA sobre la llamada Sábana Santa de Turín, leí con profunda sorpresa el siguiente texto evangélico de san Mateo:

El sepulcro vacío. Mensaje del ángel.
Pasado el sábado, al alborear el primer día de la

semana, María Magdalena y la otra María fueron a ver el sepulcro. De pronto se produjo un gran terremoto, pues el ángel del Señor bajó del cielo y, acercándose, hizo rodar la piedra y se sentó encima de ella. Su aspecto era como el relámpago, y su vestido, blanco como la nieve. Los guardias, atemorizados ante él, se pusieron a temblar y se quedaron como muertos. El ángel se dirigió a las mujeres y les dijo: «Vosotras no temáis, pues sé que buscáis a Jesús, el Crucificado; no está aquí, ha resucitado, como lo había dicho. Venid, ved el lugar donde estaba. Y ahora id en seguida a decir a los discípulos: Ha resucitado de entre los muertos e irá delante de vosotros a Galilea; allí le veréis. Ya os lo he dicho.»

Ellas partieron a toda prisa del sepulcro, con miedo y gran gozo, y corrieron a dar la noticia a sus discípulos.

Sin poder disimular mi emoción, consulté también este mismo pasaje en los restantes Evangelios. Y aunque aprecié algunas diferencias de forma, e incluso pequeñas contradicciones en cuanto al momento exacto de la aparición del «ángel» o de los «ángeles» —porque los evangelistas tampoco terminaron de ponerse de acuerdo en este detalle—, en esencia, los cuatro vienen a decir lo mismo: aquella madrugada, los «ángeles» —nuestros ya viejos amigos— bajaron junto al sepulcro y anunciaron a las mujeres que Jesús no estaba allí, que había resucitado.

Mateo, en mi opinión, se había destacado nuevamente como mejor «reportero» que sus compañeros. Daba una mayor riqueza de datos. Mejor «información».

Según cuenta san Mateo, «se produjo un gran terremoto, pues el ángel del Señor bajó del cielo».

¿Se trataba de un terremoto o movimiento sísmico, tal y como hoy lo interpretamos?

Aunque Jerusalén se levanta muy cerca de la faja sísmica que va desde la actual Turquía hacia el mar Rojo y los valles hendidos de África Oriental, lamiendo prácticamente la totalidad de la costa de Israel, delta del Nilo y costa de Arabia, los terremotos no son frecuentes ni importantes en dicha región. Desde 1456, por ejemplo, a nuestros días, Israel jamás ha engrosado la negra lista de los terremotos famosos.

Quiero decir con esto que si verdaderamente se hubiera registrado aquella madrugada una sacudida sísmica en Jerusalén y comarca, posiblemente nos habríamos encontrado con toda una constancia de tipo histórico. Flavio Josefo, por ejemplo, gran historiador del pueblo judío y que vivió del año 32 al 107 de nuestra Era, general de las huestes galileas en la guerra del 67 contra los romanos y que acompañó a Tito en la destrucción de Jerusalén, no hace la menor referencia a dicho terremoto.

Y Josefo, sin embargo, sí hace mención —y por tres veces en su libro *Antigüedades judías*— a la realidad histórica de Jesús...

Un seísmo en aquellos días de la Pascua, con miles de judíos apiñados en la ciudad santa, no habría pasado inadvertido, como no lo pasó, según parece, el que registran los evangelistas en plena crucifixión del Nazareno y que provocó algunas fisuras en las rocas. Suponiendo claro, que aquél fuera un movimiento telúrico...

Pero en aquella madrugada, todo fue distinto. El «terremoto» había sido provocado por algo muy diferente al choque de las placas tectónicas, hundimiento de fallas y demás causas naturales. El mismo Mateo nos da la explicación:

«... De pronto se produjo un gran terremoto, pues el ángel del Señor bajó del cielo.»

Otro fenómeno harto frecuente y que se cuenta en la Biblia hasta la saciedad: «ángeles» del Señor, «nubes», «carros de fuego» o la «gloria de Yavé» que vuelan, se «posan sobre las montañas» o «abren las aguas», ante las miradas y los corazones atemorizados del pueblo hebreo, que sigue sin comprender.

Estas aproximaciones de las naves —y especialmente los aterrizajes— aparecen casi siempre rodeadas de estruendo, rayos, luz y «terremotos».

Pero, ¿qué mejor forma de explicar —para un pueblo del siglo I— la toma de tierra de uno de estos objetos?

Pudiera ser también —siguiendo el texto que nos ocupa— que el descenso del llamado «ángel del Señor» fuera en realidad, no ya una nave, sino varios de sus tripulantes, provistos de un pequeño vehículo de transporte para muy cortas distancias. Incluso un solo «astronauta», con su correspondiente aparato autopropulsor.

Por muy pequeño que fuera dicho vehículo de transporte para cortos trayectos, siempre dispondría de capacidad como para albergar a dos o tres «ángeles» o «astronautas».

Hoy, la Ufología rebosa de cientos o miles de testimonios «gemelos» a éste de Mateo.

No hace muchos meses —y lo describo en uno de mis últimos libros—, una especie de «cabina telefónica» (según relato de los testigos) fue vista cómo bajaba en un apartado solar de los extramuros de la ciudad vizcaína de Baracaldo. El extraño objeto desgajó en su toma de tierra la mitad de un árbol y quemó buena parte de la maleza donde llegó a posarse. De dicho «vehículo» salieron dos seres, de apariencia totalmente humana, que medían casi dos metros de altura y llevaban unos trajes muy ajustados al cuerpo y que brillaban como el aluminio...

Los testigos —a pesar de ser habitantes del siglo XX— se aterrorizaron...

También en tierra de Valladolid fue constatado uno de estos aterrizajes de un pequeño OVNI del que salió otro «piloto», que permaneció unos minutos contemplando un campo de alfalfa...

¿Y qué pensar de aquel avistamiento producido en una parcela de San Román de la Hornija, en el que una nave, también de reducidas dimensiones y con forma de cilindro, estuvo describiendo círculos en torno a un tractorista durante casi media hora?

En varios momentos —y según me contó su protagonista, Emiliano Velasco— el OVNI, que emitía un zumbido como el de mil moscardones, lanzó varios destellos de gran potencia, que le dejaron temporalmente ciego... Y aquella luz era blanca y potente como la de un *flash*.

Y así, cientos y cientos de casos.

¿Por qué extrañarnos entonces de que el «ángel del Señor» fuera en realidad un «ser del espacio», un «piloto» con su vehículo?

«Y acercándose —prosigue el evangelista—, hizo rodar la piedra y se sentó encima de ella.»

En esa segunda «fase», después del descenso desde el cielo, el «ángel» o «tripulante» del vehículo tuvo que «acercarse» hasta la piedra que cerraba la gruta sepulcral. Y hacerla rodar. Por último —no sabemos por qué razón—, se sentó en ella.

Se me hace cuesta arriba creer que Jesús de Nazaret necesitase que le abrieran el sepulcro para poder salir de él. Si su nueva naturaleza tenía el carácter y el sello de «gloriosa», le resultaba más que cómodo atravesar hasta el plomo. ¿Por qué entonces la presencia del «ángel» para rodar la piedra de molino?

Quizá la explicación del «problema» no haya que buscarla en el resucitado, sino en los mortales: en los judíos, en las mujeres que estaban ya allí, al pie del sepulcro —estupefactas— o que venían de camino. Tal y como escribe san Marcos (16, 2-4), «y muy de madrugada, el primer día de la semana, a la salida del sol, van al sepulcro (las mujeres) y se decían unas a otras: "¿Quién nos retirará la piedra de la puerta del sepulcro?"».

Era del todo inteligente que «alguien» abriera la puerta de la cueva de par en par y que comunicara a aquellas gentes, temerosas y sencillas, la «segunda buena nueva». Repito que estoy absolutamente convencido que —en el gran «plan» de la Redención— nada se dejó a la improvisación...

Aquella «magnificencia» —con «ángeles» y demás— estaba, por otra parte, más que justificada si tenemos en cuenta que el «plan» se había consumado y con total éxito. Nosotros, posiblemente, le hubiéramos dado más bombo y platillo...

Pero sigamos con el magnífico relato de san Mateo:

«Su aspecto (el del "ángel") era como el del relámpago, y su vestido, blanco como la nieve.»

En aquellos momentos —«cuando todavía estaba oscuro», dice san Juan—, cualquier vestimenta espacial hubiera brillado, reflejando quizá la luz de la nave, que no debía de hallarse muy lejos.

Entra dentro de lo posible también que el «astronauta» llevara algún mecanismo de iluminación, que fue lo que hizo decir al evangelista que «su aspecto era como el del relámpago, y su vestido, blanco como la nieve».

Si echamos un vistazo a las fotografías de los astronautas del proyecto Apolo, en la superficie de la

Luna, notaremos que, efectivamente, sus trajes son blancos como la nieve. E incluso hasta brillantes cuando reflejan la luz solar...

Tampoco hay por qué eliminar la posibilidad de que sus vestimentas dispusieran de luz propia. Una técnica tan avanzada consigue eso y muchísimo más.

Pero no olvidemos que ni los judíos ni los romanos tenían la menor noción de lo que es una linterna o la corriente eléctrica o fotónica.

Y esto me trae a la memoria un hecho ocurrido a principios de este siglo de nuestros pecados, en un pequeño pueblo de la provincia de Zaragoza. Me lo relató mi suegro, el prestigioso abogado don Julio Forniés, hombre serio donde los haya.

El caso es que en aquellas fechas, las fuerzas vivas de la localidad maña tomaron la decisión de traer la luz eléctrica a la villa. Y llegó la luz. Pero, con tan mala fortuna, que el encendido de la flamante iluminación pública vino a coincidir con una de las mayores tormentas de la historia de la población.

Aquello indignó y sobrecogió —a partes iguales— hasta tal extremo que, los parroquianos, haciéndose con piedras, palos y otros objetos contundentes, la emprendieron con los faroles. Y cuentan las crónicas, que no dejaron «títere con cabeza»...

Y fue necesario un largo tiempo para demostrar a aquellos paisanos que la luz eléctrica no era cosa del demonio...

No es absurda, por tanto, la siguiente manifestación de san Mateo en la que comenta que «los guardias, atemorizados ante el "ángel", se pusieron a temblar y se quedaron como muertos».

Hoy, yo diría que casi el cien por cien de los testigos que afirma haber visto OVNIS y a sus tripulantes sufren esas crisis de miedo y confusión. Y es lógico.

Y aunque los guardias que Poncio Pilato había mandado situar frente al sepulcro eran profesionales de la guerra y legionarios con más «conchas» que un buen reportero de sucesos, el «espectáculo» —tan inesperado en aquella apacible noche de abril— tuvo que romper sus no muy sólidos esquemas mentales, hasta límites poco decorosos...

Si a esto unimos la profunda y arraigada superstición que nacía casi con cada ciudadano romano, las reacciones de la guardia quedan más que justificadas.

Pero hay más. Otro factor que no debemos pasar por alto. Mateo especifica que los soldados «se quedaron como muertos».

Esto se puede traducir como «paralizados» o «sin conocimiento». Pero esa paralización no podía ser provocada, única y exclusivamente, por el miedo. De haber sido así, alguno o la totalidad de los romanos habría terminado por huir del descampado.

Me inclino a pensar que la «paralización» en cuestión pudo obedecer a otras causas externas al propio temor de los soldados y que, como señalaba anteriormente, se repite con asiduidad en los casos actuales de «encuentros» cercanos con OVNIS.

No hace mucho, otro vecino de la zona minera de Gallarta, en las proximidades de Bilbao, y que presenció el descenso de una nave de unos 50 metros de diámetro, me contaba cómo se quedó «agarrotado» en el balcón de su casa, mientras el OVNI maniobraba a corta distancia de él. «Conforme se fue alejando —añadió—, pude recobrar el movimiento y me vi libre.»

Otro piloto español quedó igualmente paralizado en una zona rural de Algeciras —cuando practicaba la caza— al llegar a las proximidades de un disco de gran luminosidad que se encontraba posado en una vaguada. «No podía moverme —me contó—. Veía y escuchaba, pero mi cuerpo no me obedecía. Y no pude andar hasta que el objeto aquel se elevó, perdiéndose en el horizonte.»

Desde entonces, el piloto no ha logrado poner en marcha un reloj de pulsera, que quedó detenido en el instante mismo del avistamiento: las tres de la madrugada.

Un mínimo sentido de la seguridad por parte del «ángel» o «astronauta» habría hecho comprensible la paralización general de los tres o cuatro soldados que debían vigilar la puerta del sepulcro.

Esto, al menos, es lo que se desprende en la actualidad en multitud de casos OVNI.

Que los «ángeles» estuvieran dentro o fuera del sepulcro, eso no tiene ya demasiada importancia. Pudo ocurrir que descendieran primero junto a la cueva, hicieran rodar la losa, hablaran con las mujeres y, por último, se introdujeran en el sepulcro donde, por supuesto, ya no estaba Jesús. Así lo asegura el «ángel» al final de su mensaje a las mujeres.

Eso sí, curiosamente y como obedeciendo con total fidelidad un «plan» minuciosamente trazado, los citados «ángeles», o «enviados», o «astronautas» no tocaron ni manipularon el lienzo y el sudario que habían servido para envolver el cadáver de Jesús. Todo estaba en su lugar, tal y como poco después constataron los apóstoles al asomarse a la gruta.

En definitiva: que los «ángeles» sabían lo que se llevaban entre manos...

7. «... Y FUE LLEVADO AL CIELO»

Y para concluir esta hipótesis, he aquí otro «asunto», muy poco claro, en el que la Iglesia ha preferido mantenerse prudentemente «al pairo»: la ascensión de Jesús a los cielos.

Leamos nuevamente los Evangelios:

«Con esto, el Señor Jesús, después de hablarles, fue elevado al cielo y se sentó a la diestra de Dios.» (San Marcos.)

Versión de san Lucas:

«Los sacó hasta cerca de Betania y, alzando sus manos, los bendijo. Y sucedió que, mientras los bendecía, se separó de ellos y fue llevado al cielo...»

Quizá aquí los relatos no aparecen lo suficientemente claros como para apuntar conclusiones. Sin embargo, tanto por la lectura de estos textos, como de acuerdo con el sentir de la propia Iglesia católica, se deduce que Jesús de Nazaret fue elevado o transportado —físicamente— a los cielos. Pero, ¿cómo? ¿Se elevó por sí mismo, sin más? Quizá hubiera podido lograrlo. De un ser que resucita de entre los muertos puede esperarse eso y mucho más...

Pero los evangelistas coinciden en la circunstancia de que «fue llevado o elevado». Es decir, por otros.

De lo contrario, es muy posible que hubieran escrito, sencillamente, «que se elevó».

Quizá el «plan» general exigía también esta parte final, absolutamente a la medida de la capacidad cerebral de aquellas gentes. Una súbita «desmaterialización» del Cristo —sin más— no habría provocado ni desencadenado las mismas reacciones entre sus apóstoles y seguidores. Eso era igualmente razonable.

Si Jesús de Nazaret disfrutaba ya de otro cuerpo, de naturaleza distinta a la terrenal, era casi seguro que hubiera podido dejar este planeta sin mayores problemas. ¿Quién puede describir hoy —o simplemente imaginar— ese «organismo glorioso» y el Reino, Dimensión, Plano o Vida hacia la que se dirigía?

Pero el Nazareno se vio obligado a dejar señales y pruebas exteriores de su poder hasta el último momento...

Y quizá esos «ángeles», o «enviados», o «astronautas» tomaron parte activa —con sus naves—, y, por última vez, en la definitiva marcha de Jesús de este viejo, y hermoso, y cruel mundo al que tuvo que venir por expreso deseo del Padre...

Que cada cual busque la respuesta en su propio corazón.

A MANERA DE CONCLUSIÓN

... DE LA MANO DE LA CIENCIA se ha demostrado que la llamada Sábana Santa de Turín es un lienzo del tiempo de Jesús de Nazaret.

... DE LA MANO DE LA CIENCIA ha sido probado que la imagen que aparece en dicho paño de lino es todo un «negativo fotográfico».

... DE LA MANO DE LA CIENCIA, expertos de la NASA han anunciado al mundo que dichas huellas sólo pudieron formarse a causa de una enigmática y poderosa radiación.

... DE LA MANO DE LA CIENCIA se ha puesto de relieve que «algo» tan extraño como revolucionario —y que los creyentes llamamos «Resurrección»— ocurrió en la oscuridad de aquel sepulcro, hace dos mil años.

... DE LA MANO DE LA CIENCIA se sabe que éste ha sido el primer caso, científicamente medido, en el que un cadáver levita e irradia la energía suficiente como para «chamuscar» una sábana.

... Y LA VOZ DE MI CORAZÓN Y MIS INVESTI-
GACIONES me dicen que Jesús de Nazaret —el gran
Enviado— fue acompañado y ayudado en el «plan»
de la Redención por todo un «equipo» de seres que
hoy —quizá— asociaríamos con nuestros «astronautas».

8. JESÚS DE NAZARET, O LA ENTREVISTA QUE NUNCA EXISTIÓ

Creo que hubiera sido una buena entrevista. De primera página. Al menos, desde el punto de vista de este reportero...

«Entrevistar» a Jesús de Nazaret, una vez resucitado, habría colmado las ambiciones profesionales de muchos colegas. Y, por supuesto, las mías.

Pero, ¿qué habría contestado el Nazareno?

Y puestos ya a imaginar, ¿por qué no escribir dicha entrevista?

He aquí algunas de las muchas preguntas que yo le hubiera formulado. Quizá —¿por qué no?— sus respuestas podrían haber sido parecidas a éstas.

¡Quién sabe...!

«Parece como si Jesús de Nazaret hubiera practicado intensamente deporte. Sus espaldas son las de un nadador, y su estatura, la de cualquier jugador de baloncesto que se precie. Creo que cualquier ciudadano medio —como es mi caso— se sentiría ligeramente acomplejado ante él. Eso, al menos, me ocurrió al principio, cuando llegué hasta su presencia.»

Después, conforme fuimos hablando, todo fue distinto. Aquel galileo de barba fina y meticulosamente arreglada, de cabellos como el oro viejo que reposaban levemente sobre sus hombros, era tan campechano y dispuesto a cualquier tipo de broma como el que más.

Debió de notar mi nerviosismo. A pesar de mis diecisiete años de trabajo como periodista, los nervios empezaban a dispararse, y aquel viejo magnetófono mío se atascaba como un colegial ante su primera novia.

«¡Maldita sea! —pensé—. Sólo falta que este trasto no funcione...»

Y el Nazareno, tras echar sobre su hombro izquierdo el largo manto de color vino, tocó mi nuca con su mano derecha y comentó divertido:

—¡Tranquilo!...

Y una especie de intenso calor acompañó aquel gesto conciliador sobre mi nuca. Jesús de Nazaret debió de notar mi confusión y se adelantó a mis pensamientos:

—Es energía... Sale de mis manos sin querer... Igual que de las de cualquier otro.

Miré las mías en un movimiento reflejo y, levantando mi vista hacia Él, le interrogué:

—¿Energía...? ¿De qué tipo?

Pero Jesús no contestó. Se limitó a sonreír. Y una blanca y perfecta «secuencia» de dientes me dejó atónito.

Estaba claro que aquel hombre no sufría de las molestas caries...

Pero mi magnetófono estaba ya grabando y, tras encogerme de hombros, le comenté:

—Es que no sé por dónde empezar... ¡Tanto tiempo esperando esta oportunidad y ahora me quedo «seco»...!

Yo pensaba que usted era más bajito... Como cualquier judío medio...

El Nazareno rió a placer. E intervino de nuevo:

—¿Por qué no nos tuteamos...? Es mejor, ¿no te parece?

—Sí, claro —balbuceé.

—¿Y por qué crees que tenía que ser más bajo?

—Bueno, no sé... Pero tampoco tiene mayor importancia —le respondí, deseando entrar ya en las preguntas de fondo—. Oye, verás... No es que desconfíe, pero, ¿te importaría mostrarme las cicatrices?

Jesús levantó ligeramente sus brazos y dejó caer las holgadas mangas de su marfileña túnica. Al ver aquellas señales en sus muñecas sentí cómo una oleada de vergüenza ascendía desde el estómago y encendía hasta mis cejas. ¡Qué ridículo me sentí, Dios santo...!

—¡Perdona! —susurré. E intenté excusarme—. Ya sabes..., la gente sigue desconfiando...

—Y tú también, por lo que veo.

—Bueno... Tienes que reconocer que es la primera vez en el mundo que alguien es ajusticiado y muerto y resucita...

—Sí, también es verdad...

Y los dos, al unísono, como si nos hubiéramos puesto de acuerdo, nos echamos a reír, ante la mirada grave de los que nos rodeaban y que aseguraban ser sus discípulos.

—Vayamos por partes. Hay algunas cosas que no he podido entender jamás. Por ejemplo: después de tanto tiempo de andar predicando por ahí, ¿cómo me resumirías tu «mensaje»?

El Nazareno me escrutó con sus ojos negroazulados. ¡Oh, Dios! Aquella mirada parecía un rayo láser... Me entró tal angustia, que a punto estuve de agarrar mi magnetófono y marcharme. Aquel «personaje» era demasiado para cualquiera...

Digo yo —porque jamás he podido averiguarlo— que Jesús trataba de «leer» mis sentimientos o intenciones. Y debió de tranquilizarle ver que no había en mí el menor deseo de burla o frivolidad.

Y sus cejas negras —tremendamente marcadas— se relajaron. Y habló así:

—Es triste que todavía no lo hayáis comprendido... Pues mira, yo sólo he venido a este planeta para deciros que el Padre ha regalado la salvación...

—¿Hagamos lo que hagamos?

—Sí. Pero, ¿es que todavía no te has dado cuenta de que ser hijo de Dios o del Padre es algo importante...?

—Me temo que no...

—Pues ya va siendo hora.

—No, no puede ser —comenté—. Si uno infringe la Ley y mata, roba, etc., en la vida, ¿cómo van a «regalarle» la salvación?

Jesús se armó de paciencia. Y me preguntó a su vez:

—¿Qué harías tú si cualquiera de tus hijos hiciera una o todas las diabluras del mundo?

—No sé... Intentaría convencerle de que anda equivocado.

—Pero, ¿lo olvidarías o destruirías?

—¡No, por Dios...!

—Perfecto. Creo que ya has contestado a la pregunta anterior.

—Pero, ¿y si alguien muere y no ha «entendido» nada de lo que tú has dicho y predicado?

—Siempre hay una segunda oportunidad...

—¿Siempre?

El Nazareno asintió con la cabeza.

—Pero, ¿dónde?

—Yo dije en cierta ocasión —y tú lo sabes— que en la «casa de mi Padre hay muchas moradas». ¿Por qué te preocupas entonces del lugar o la forma? Vive intensamente ahora, que por algo estás aquí, como todos...

Las preguntas empezaban a atropellarse en mi mente. Y tuve que hacer una larga y profunda inspiración.

«Tranquilo, tranquilo...», me dije a mí mismo.

—Entonces, el cuento ése del infierno y el rechinar de dientes...

—Dime otra cosa. ¿A ti qué te parece este mundo donde vives ahora? ¿Es agradable o es un «infierno»? ¿Y qué me dices de la ignorancia...? ¿Crees que puede haber algo peor que vivir sumido en la oscuridad y en la falta del Conocimiento? Yo te aseguro que el que está lejos de Dios no sabe lo que se pierde... Ése es el gran «infierno» y la peor de las condenaciones.

—Pero tú dices que siempre hay una «segunda oportunidad»...

—Tan cierto como que yo he resucitado. Lo que pasa es que a unos les cuesta más trabajo que a otros el entenderlo. Y tienen que «repetir» y «repetir» curso, hasta que «descubren» la Suprema Luz y su verdadera naturaleza. Entonces empiezan realmente a ser felices...

—¿Y todos llegaremos a ese momento?

—Todos estáis «condenados» a ser felices. Tarde o temprano. Eso es lo que he tratado de deciros con mi venida...

—Pero, ¿para eso era necesario tanto lío?

—¿Lío?

—Sí, tu muerte, etcétera.

—Las «cosas» son todavía aparentemente complicadas para vosotros. Todo tiene y lleva su tiempo. Sólo puedo decirte que aquí, en el planeta Tierra, había llegado la plenitud de los tiempos, y que cuando ese «momento» ocurre, el Padre comunica siempre sus intenciones y deseos a sus hijos.

—Tiene gracia. Dices que había llegado la plenitud de los tiempos... ¿Hace dos mil años?

—Te pondré otro ejemplo. Cuando tus hijos son unos bebés y permanecen en la cuna, ¿se te ocurre a ti, su padre, explicarles quiénes son y qué les aguarda?

—No, claro...

—Ese momento depende siempre de cada niño o adolescente. No todos son iguales. A unos hay que hablarles antes y a otros más tarde. A la Tierra —y no me preguntes por qué— le llegó ese «momento» cuando el Padre me envió...

—Pero, insisto, ¿era absolutamente necesario que te matasen? Podías haber «dejado el recado» y adiós...

El Nazareno volvió a sonreír y me señaló la cinta magnetofónica. Se había terminado. Mientras le daba la vuelta, renegué nuevamente de mi fortuna. «Seguro que se han perdido palabras importantes...», pensé.

—... Cada «niño», cada «hijo», cada «mundo», en definitiva, que forman la Casa de mi Padre, exige un tratamiento diferente, de acuerdo con su evolución y características. La Tierra, entonces, tenía aquéllas...

»Era difícil y "tuvimos" que forzar la máquina a tope. Y si había que morir, resucitar y demostraros que el "mensaje" era auténtico, pues muy bien. Como decía tu abuela, "bien está lo que bien acaba". ¿O no?

Debí de poner un gesto de asombro tal, que el Nazareno se adelantó a mi próxima pregunta:

—... Sí, sé lo que estás pensando. Hay otros mundos —más de los que tú puedes comprender o asimilar—, y en todos hay «hijos del Padre».

—Entonces, ¿no somos los únicos?

Nueva carcajada del Nazareno:

—Sólo te diré una cosa: ahí fuera hay más «tráfico» que aquí abajo...

—¿Y por qué las gentes y los científicos no terminan de creerlo?

—Te repito que todo tiene su tiempo. Tranquilo. Mira lo que ha pasado con los papas. ¿Quién hubiera podido convencer a Julio II —el de las broncas con Miguel Ángel Buonarroti— que pocos siglos después, otros «colegas» suyos —Juan XXIII, Pablo VI, Juan Pablo II—, iban a servirse de los reactores para volar de un lugar a otro del planeta... para llevar mi «mensaje».

—Tienes toda la razón...

—Claro.

—Pero si hay tantas «moradas», tantas civilizaciones, en tu Reino...

—En nuestro Reino querrás decir...

—Eso, en nuestro Reino, ¿ha sido preciso llevarles el «recado» a todas y cada una de ellas?

—Sin dejar una.

—¿Y en cada «misión» has tenido que dejar el pellejo, con perdón?

—No. Ya te he dicho que este planeta tuyo reunía algunas características diferentes.

—Pero, ¿el «mensaje» termina por conocerlo hasta el último de los hijos del Padre?

—Hasta el más pequeño y escondido, en la última de las galaxias de los universos visibles o invisibles.

—Entonces, según esto, ¿habrá otros mundos o

«Tierras» como la nuestra que todavía no sepan nada de ti...?

—Los hay... Pero todo está previsto.

—¿Y qué pasará cuando todos los «hijos del Padre» hayamos sabido y entendido el «negocio»?

—No me tires de la lengua... Hay cosas que deberás descubrir más adelante.

—Volviendo a lo de antes. A pesar de tu encarnación en la Tierra y del «mensaje», la verdad es que las cosas no marchan nada bien por aquí abajo... ¿Ha vuelto a fallar algo?

—Aunque no lo creas, el Padre deja libertad absoluta a sus hijos. Él te dice lo que debes hacer para ser feliz y prosperar.

»Y los hijos, si quieren, lo hacen. La verdad es que sólo los "niños pequeños" —vosotros, por ejemplo— hacen algunas travesuras y "ensucian" la "casa" de esta gran "familia cósmica". Pero también se harán "mayores". Ya lo verás. Y todo cambiará. Ya te digo que estáis condenados a la Felicidad...

—Y dime, ¿cómo puedo ser feliz?

—La Felicidad no es una flor natural de este mundo. Eso no lo olvides. De momento, ama a tus semejantes.

—Sí, ¡qué fácil es decirlo...!

—Aunque no lo entiendas, ama a las gentes. A las que conoces y a las que no conoces. El Amor: ése es el único «pasaporte» para pasar al otro lado...

—¿Y si no quiero o no sé?

—Necesitarás más tiempo, hasta que te aprendas la lección. Porque tú, como todos, estáis aquí y ahora por algo. Allí arriba hay mucha «gente» trabajando para el Padre. Y no se escapa ni camufla ni el más profundo de los pensamientos y sentimientos.

—Entonces, como tú dices, allí arriba hay «gente». ¿Los mismos que colaboran contigo en el «plan» de la Redención?

Jesús, el Nazareno, puso nuevamente su mano sobre mi hombro y contestó con una interminable sonrisa:

—Si tú ya lo sabes, ¿por qué me lo preguntas...?

—¿Y llegaremos algún día a vivir en la Perfección?

—Sí. De hecho hay ya gente que vive en el Amor. Ésos, por ejemplo, tienen ganado un buen trecho.

—¿Qué, es entonces el cielo?

—La Perfección. Vivir en el Conocimiento y en la Armonía con el que todo lo puede y sostiene.

—O sea, que la santidad y la perfección son compatibles con la tecnología y el progreso...

—No puedes sospechar hasta qué extremos...

—Nosotros tenemos tecnología y lanzamos cohetes a los planetas, pero no somos felices. ¿Por qué?

—Porque no habéis terminado de ver el «mensaje» o el «recado» —como tú dices— que me dio el Padre para vosotros, terrícolas. Hay otras razas y humanidades que han progresado tanto o más que vosotros y son infinitamente más prudentes y felices. Y el secreto sólo está en eso que te digo: en saber que somos «hijos del Jefe», Y que por encima de todo, debe estar el espíritu y el amor. Ama a todos y a todo lo que te rodea cada segundo de tu existencia en este mundo. No te preocupes de lo demás...

—¿Y qué me dices del «andamiaje» de algunas religiones?

—Eso: simple «andamiaje». A veces, ni siquiera los más cercanos entienden que el «negocio» va por otros derroteros...

—Una última pregunta: ¿cómo es el Padre? ¿Es como tú?

Jesús de Nazaret se puso serio. Fue la única vez

que le vi con la color demudada. Por un momento pensé que «me había pasado de rosca»... Pero al EN-VIADO no le temblaba el pulso ni la voz. Y, al tiempo que se levantaba y estrechaba mi mano, respondió:

—Mira a tu alrededor y, sobre todo, «mira» hacia ti mismo. Así sabrás cómo y quién es «nuestro» Padre...

Y una larga y blanca paz cayó sobre mi estremecido corazón.

Y desde entonces el mundo en el que ahora vivo ya no fue el mismo...

CON MI MÁS SINCERO
AGRADECIMIENTO:

— A José Luis Carreño Etxeandía.

— Al jesuita padre Igartua, doctor en Teología.

— A Arsenio Álvarez Gutiérrez, licenciado en Filosofía y Letras (Sección Filología Románica).

— A José María Lecea, presidente del Colegio de Farmacéuticos de Vizcaya.

— Al jesuita padre Romañá, director que fue del Observatorio Astronómico del Ebro.

— A Gloria de Larrañaga y Adita Alonso.

— A los sacerdotes Ignacio Mendieta y José Ignacio Amann.

«...*Había en la comarca unos pastores acampados al raso y velando de noche por turno sobre su rebaño. El ángel del Señor se les apareció, y la gloria del Señor los envolvió de luz. Y quedaron atemorizados. El ángel les dijo: "No temáis, pues os anuncio una gran alegría: os ha nacido hoy un Salvador..."*» (San Lucas, 2, 8-12.)

«Y los Magos, después de oír al rey, se pusieron en camino, y he aquí que la estrella que habían visto en el Oriente iba delante de ellos, hasta que llegó y se detuvo encima del lugar donde estaba el niño. Al ver la estrella se llenaron de inmensa alegría.» (San Mateo, 2, 9-11.)

«...Sucedió que Jesús tomó consigo a Pedro, Juan y Santiago, y subió a un monte alto. Y sucedió que, mientras oraba, el aspecto de su rostro se mudó y sus vestidos eran de una blancura fulgurante, y he aquí que conversaban con él dos hombres...» (San Lucas, 9, 28-30.)

«...Entonces se formó una nube que les cubrió con su sombra, y vino una voz desde la nube...» (San Marcos, 9, 7-8.)

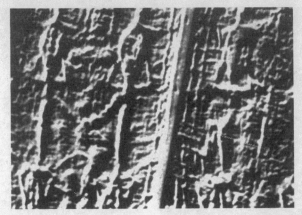

La gran sorpresa: la imagen de la Sábana llamada «Santa» de Turín es TRIDIMENSIONAL. A la izquierda, la parte frontal. A la derecha, la dorsal. Este sensacional descubrimiento fue hecho por especialistas de la NASA en 1977.

Según los técnicos de la NASA, el cuerpo del «hombre de la Sábana» permaneció en estado de ingravidez durante el tiempo que duró la resurrección. Es posible que en ese infinitesimal espacio de tiempo, el cadáver de Jesús de Nazaret emitiese una radiación desconocida, que chasmuscó el lienzo.

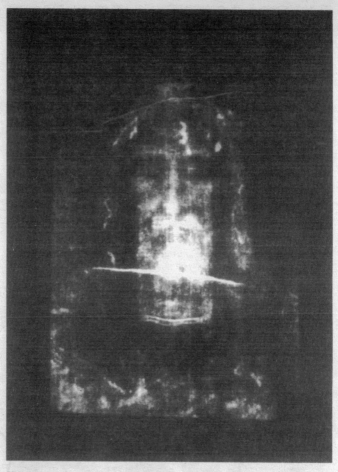

Una extraña sensación recorre el cuerpo de cuantos acuden a Turín para contemplar la llamada «Sábana Santa».

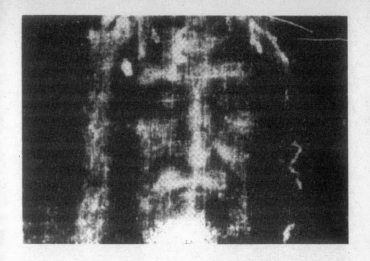

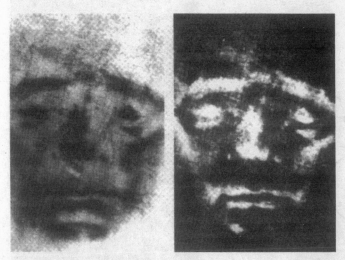

Los célebres médicos forenses J. Lordiglia y Romanese llevaron a cabo decenas de pruebas sobre cadáveres, a fin de obtener alguna huella como la que aparece en la Sábana de Turín. Esto fue lo mejor que pudieron lograr. La diferencia con el rostro de Jesús de Nazaret —arriba— habla por sí misma...

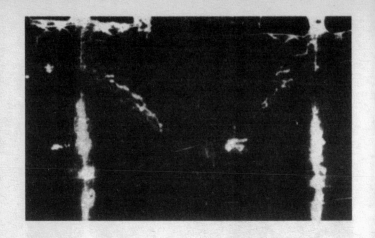

En la parte superior, los brazos y manos del Nazareno, con la mancha de sangre provocada por el clavo al taladrar la muñeca izquierda. Abajo, la misma imagen, en relieve, tal y como nos ofrecen los científicos de la NASA.

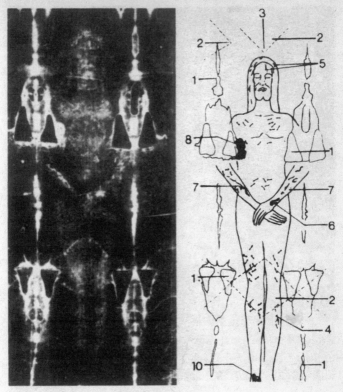

A la izquierda, el «negativo fotográfico» (positivo óptico) de la región frontal del cuerpo del «hombre» que fue envuelto en la sábana que se guarda en Turín. A la derecha, un dibujo con las huellas correspondientes a: 1, quemaduras; 2, agua; 3, cuerpo entero; 4, azotes; 5, espinas; 6, clavo; 7, sangre; 8, lanzada; 10, clavo del pie.

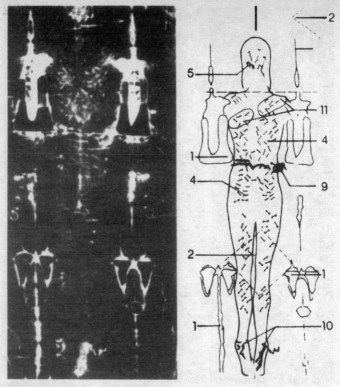

Región dorsal (a la izquierda) del cuerpo del Nazareno. En la zona occipital y nuca pueden apreciarse las huellas de los espinos, al igual que en el resto de la espalda, piernas, etc. A la derecha, el «mapa» de las huellas correspondientes a: 1, quemaduras; 2, agua; 4, azotes; 5, espinas; 9, descendimiento; 10, clavo pie y 11, patibulum.